Impressum
Verlag: BABADADA GmbH, Nedderfeld 112 , 22529 Hamburg
Geschäftsführer / Verlagsleitung: Harald Hof
Druck: Books on Demand GmbH, In de Tarpen 42, 22848 Norderstedt

Imprint
Publisher: BABADADA GmbH, Nedderfeld 112 , 22529 Hamburg, Germany
Managing Director / Publishing direction: Harald Hof
Print: Books on Demand GmbH, In de Tarpen 42, 22848 Norderstedt

# koulu
## baruumsaa

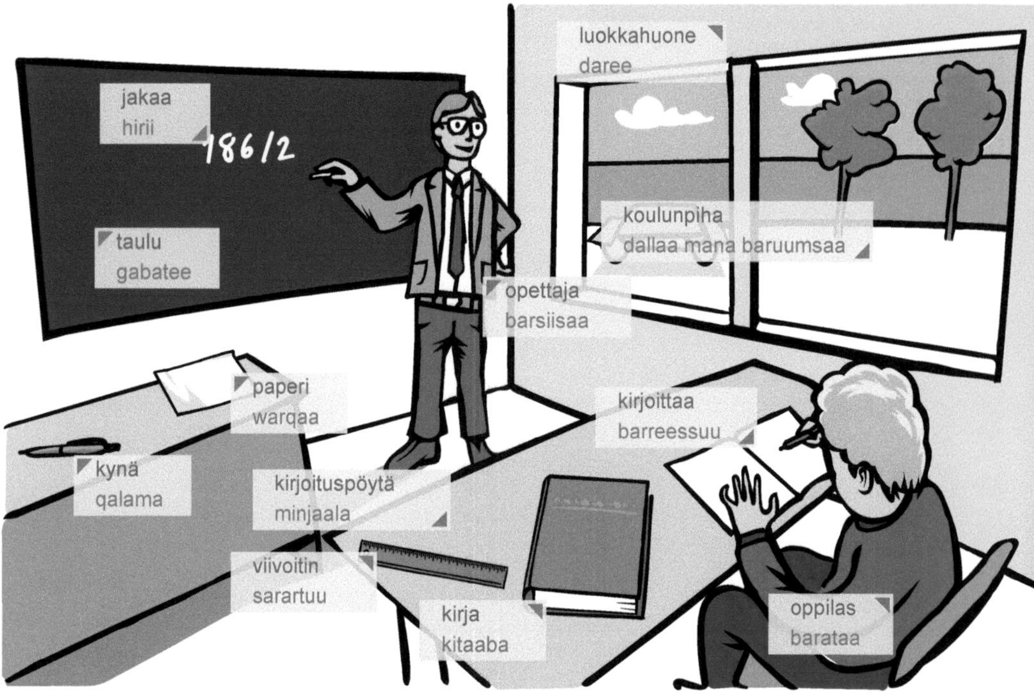
luokkahuone
daree
jakaa
hirii
186/2
taulu
gabatee
koulunpiha
dallaa mana baruumsaa
opettaja
barsiisaa
paperi
warqaa
kirjoittaa
barreessuu
kynä
qalama
kirjoituspöytä
minjaala
viivoitin
sarartuu
kirja
kitaaba
oppilas
barataa

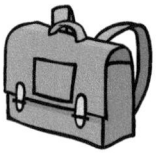

reppu

korojoo baattamu

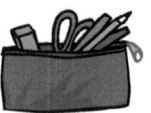

penaali

teessoo irsaasii

lyijykynä

irsaasii

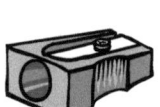

kynänteroitin

qartuu irsaasii

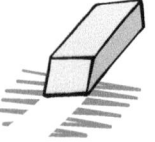

pyyhekumi

haqxuu

piirustuslehtiö

paadii fakkii

piirustus
fakkii

pensseli
burusha halluu

vesivärit
saanduqa halluu

sakset
maqasa

liima
maxxansituu

harjoituskirja
daftara

kotitehtävä
hojii manaa

luku
lakkoofsa

2+2

lisätä
ida'ii

vähentää
hir;isi

kertoa
bay;isi

laskea
heerregii

kirjain
xalayaa

aakkoset
tarree qubee

sana
jecha

teksti

kitaaba barataa

lukea

dubbisuu

liitu

biroonkii

oppitunti

baruumsa

opettajan muistikirja

galmeessuu

koe

qormaata

todistus

raga barreeffamaa

koulupuku

uffata mana baruumsaa

koulutus

barnoota

sanakirja

insaaykiloopeediyaa

yliopisto

yuunivarstii

mikroskooppi

maaykiroos kooppii

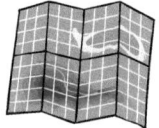

kartta

kaartaa

roskakori

qircaata gatoo

# matka

# imala

hotelli
hoteela
Grand
retkeilymaja
hosteela
ROOMS
rahanvaihto
biiroo de cheenjee
CHANGE
matkalaukku
shaanxaa kafanaa
auto
konkolaataa

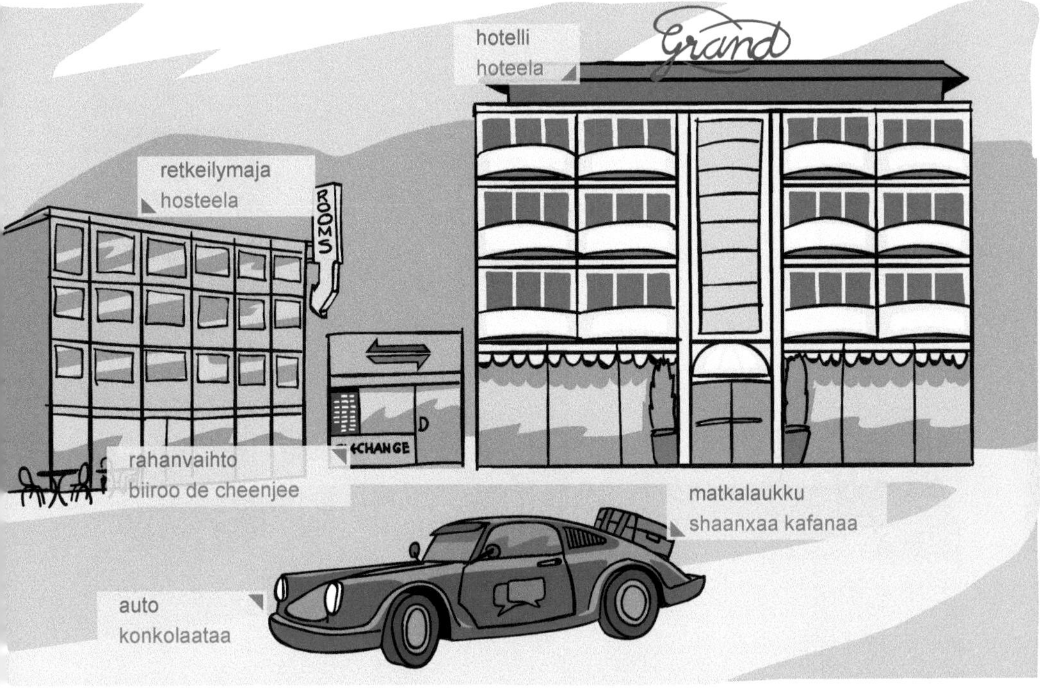

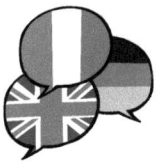

kieli

afaan

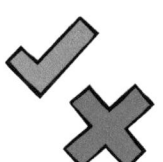

kyllä / ei

eyyeen / mitii

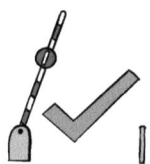

selvä

haa ta'u

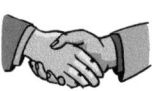

hei

heloo

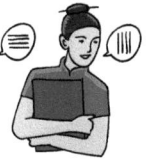

tulkki

turjmaana

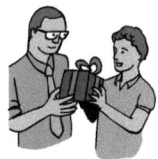

kiitos

galatoomaa

Paljonko...maksaa?

meeqa

en ymmärrä

naaf hingalle

ongelma

rakkoo

Hyvää iltaa!

akkam ooltan

Hyvää huomenta!

akkam bultan?

Hyvää yötä!

halkan gaarii

näkemiin

nagaatti nagaatti

suunta

kallattii

matkatavarat

ba'aa imalaa

laukku

korojoo

reppu

ba'aa dugdaa

vieras

keessummaas

huone

kutaa

makuupussi

korojoo hirriibaa

teltta

dukkaana

turisti-info

odeeffannoo turistii

ranta

qarqara haroo

luottokortti

kireedit kaardii

aamupala

ciree

lounas

laaqana

päivällinen

irbaata

matkalippu

tikkeetii

hissi

liiftii

postimerkki

chaappaa

raja

daangaa

tulli

barmaatilee

suurlähetystö

embaasii

viisumi

viizaa

passi

paasspoortii

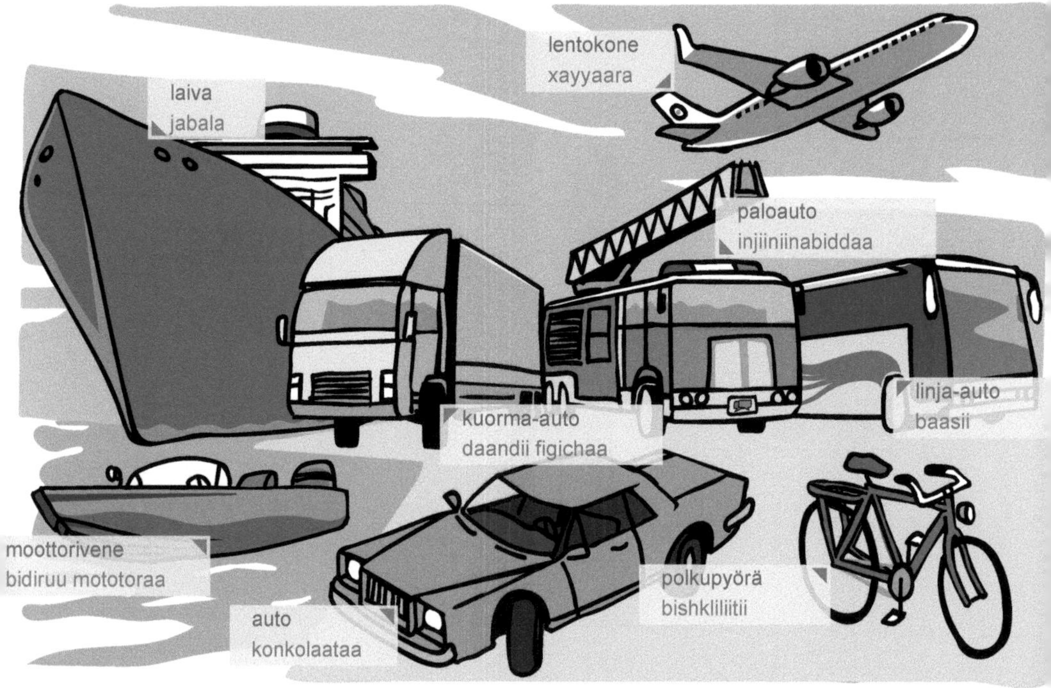

lentokone
xayyaara

laiva
jabala

paloauto
injiiniinabiddaa

linja-auto
baasii

kuorma-auto
daandii figichaa

moottorivene
bidiruu mototoraa

polkupyörä
bishkliliitii

auto
konkolaataa

lautta

bidiruu dccddobii

vene

bidiruu

moottoripyörä

doqdoqqee

poliisiauto

konkolaataa foolisaa

kilpa-auto

konkolaataa dorgommii

vuokra-auto

konkolaataa kiraa

car sharing

konkolataa waliin gahuu

hinausauto

marsaa boqqoonna

roska-auto

daandii dhorkaa

moottori

motora

polttoaine

boba'aa

huoltoasema

buufata boba'aa

liikennemerkki

mallattoo tiraafikaa

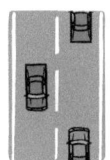

liikenne

tiraafika

ruuhka

cuccufaa daandii
konkolaataa

parkkipaikka

dhaabbii konkolaataa

rautatieasema

buufata baburaa

raiteet

konkolaataa guddaa

juna

baabura

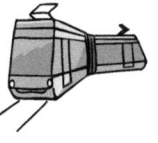

raitiovaunu

baabura eleektirikaa

vaunu

gaarii fardaa

helikopteri

helikooftara

lentokenttä

buufata xayyaaraa

lähilennonjohto

qooxii

matkustaja

keessummaa

kontti

konteenara

pahvilaatikko

kaartunii

kärryt

gaarii

kori

qirccaata

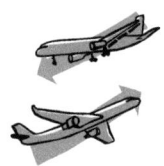

nousta / laskea

barrisuu / qubachuu

## kaupunki

## magaalaa gudaa

kylä

araddaa

keskusta

handhuura magaalaa

talo

mana

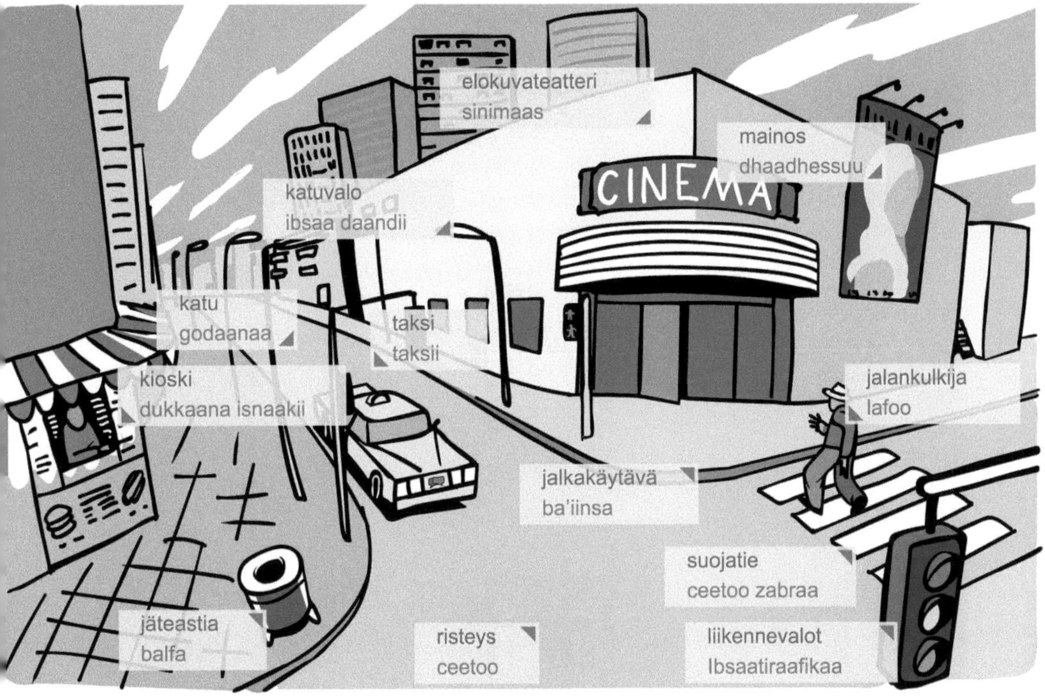

elokuvateatteri
sinimaas

mainos
dhaadhessuu

katuvalo
ibsaa daandii

katu
godaanaa

taksi
taksii

CINEMA

jalankulkija
lafoo

kioski
dukkaana isnaakii

jalkakäytävä
ba'iinsa

suojatie
ceetoo zabraa

jäteastia
balfa

risteys
ceetoo

liikennevalot
Ibsaatiraafikaa

mökki

godoo

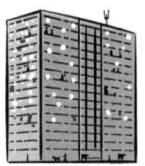

kerrostalo

diriiraa

rautatieasema

buufata baburaa

kaupungintalo

galma magaalaa

museo

muuziyeemii

koulu

baruumsaa

yliopisto

yuunivarstii

pankki

baankii

sairaala

hospitaala

hotelli

hoteela

apteekki

mana qorichaa

toimisto

waajjira

kirjakauppa

dukkana kitaabaa

liike

dukkaana

kukkakauppa

gurgurtuu abaabo

supermarketti

suppar maarkeetii

tori

gabaa

tavaratalo

kuusaa dame

kalakauppias

kiyyeessituu qurxxummii

ostoskeskus

giddu gala gabaa

satama

buufata galaanaa

puisto

paarkii

penkki

tessoo dalgee

silta

riqica

portaat

sibsaabii

metro

Lafa jala

tunneli

holqa

linja-autopysäkki

buufata konkolaataa

baari

baarii

ravintola

mana nyaataa

postilaatikko

saanduqa poostaa

katukyltti

mallattoodaandii

parkkimittari

idoo dhaabbii konkolaataa

eläintarha

dallaa beeladaa

uimala

haroo daakkaa

moskeija

masgiida

maatila

qonna

ympäristön saastuminen

faalama

hautausmaa

iddoo awwaalchaa

kirkko

charchii

leikkikenttä

dirree taphaa

temppeli

siidaa

## maisema
## teechuma lafaa

lehti
baala

tienviitta
maxxansa beeksiisaa

tie
karaa

niitty
huruufa magariisa

kivi
dhakaa

puu
muka

retkeilijä
nama lafoo deemu

joki
laga

ruoho
mrga

kukka
abaaboo

laakso

sulula

vuori

tabba

järvi

hara

metsä

bosona

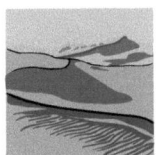

aavikko

gammoojjii oo;aa

tulivuori

dhooyinsalafaa

linna

masaraa

sateenkaari

sabbata waaqqaa

sieni

jaarsa marqoo

palmu

muka teemiraa

hyttynen

bookee busaa

kärpänen

balali'uu

muurahainen

mixii

mehiläinen

kanniisa

hämähäkki

sarariitii

kovakuoriainen

boombii

sammakko

hurrii

orava

shikookkoo

siili

xaddee

jänis

beelada illeentii fakkaatu

pöllö

jajuu

lintu

simbira

joutsen

daakkiyyee

villisika

ifaannaa

peura

godaa

hirvi

godaa ameerikaatti argamu

pato

riqicha

tuulimylly

tarbaayinii buubbee

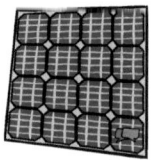

aurinkopaneeli

panaalii soolaarii

ilmasto

haala qilleensaa

# ravintola
# mana nyaataa

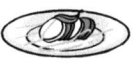

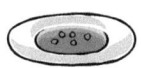

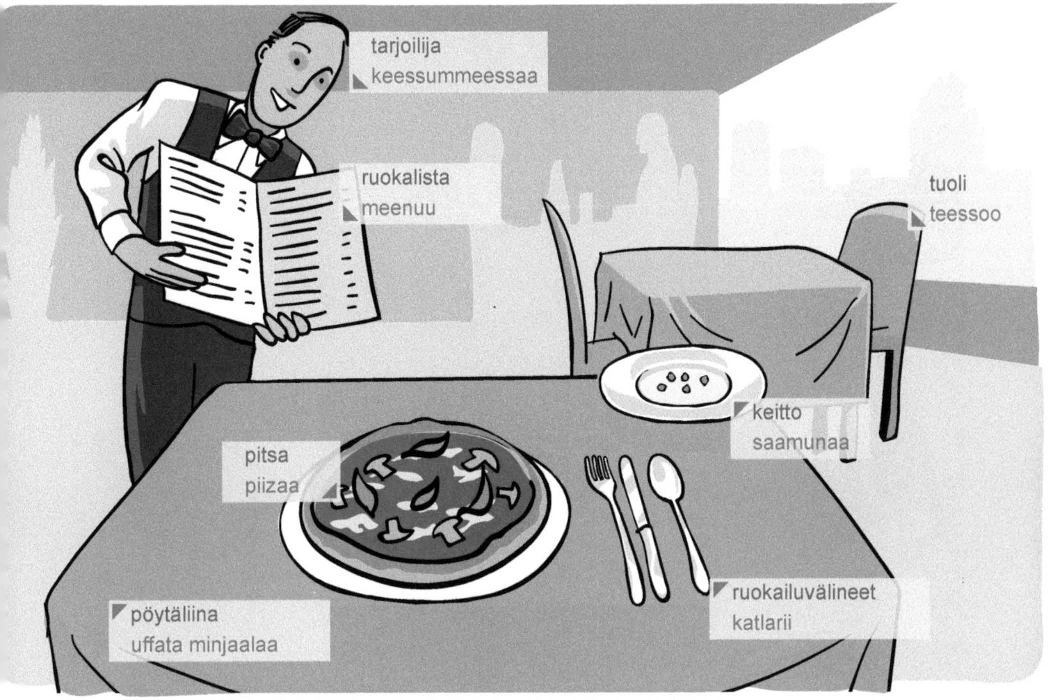

tarjoilija
keessummeessaa
ruokalista
meenuu
tuoli
teessoo
keitto
saamunaa
pitsa
piizaa
ruokailuvälineet
katlarii
pöytäliina
uffata minjaalaa


alkuruoka
calqabsiisaa

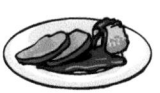

pääruoka
madda muummee

jälkiruoka
deezaartii

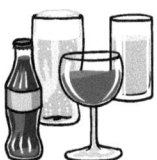

juomat
dhugaatii

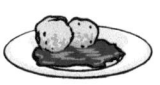

ruoka
nyaata

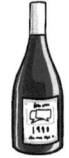

pullo
qaruuraa

pikaruoka

nyaata qophaa'aa

katuruoka

nyaata karaa irraa

teekannu

markajii shaayii

sokeriastia

qodaa shukkaaraa

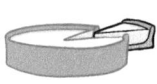

annos

uwwisa

espressokeitin

maashina espereessoo

syöttötuoli

teessoo ol ka'aa

lasku

nagahee

tarjotin

tirii

veitsi

hlbee

haarukka

shuukkaa

lusikka

fal'aana

teelusikka

fal'aana shaayii

servietti

uffrata minjaala nyaataa

lasi

burcuqqoo

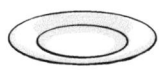

lautanen
diiriiraa

syvä lautanen
teessoo saamunaa

aluslautanen
teessoo siinii

kastike
sugoo

suolasirotin
qodaa sooqiddaa

pippurimylly
daaktuu barbaree

etikka
hadhooftuu

öljy
zayita

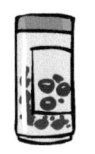

mausteet
qimamii

ketsuppi
kachappii

sinappi
sanaafica

majoneesi
maaynoneezii

# supermarketti
# suppar maarkeetii

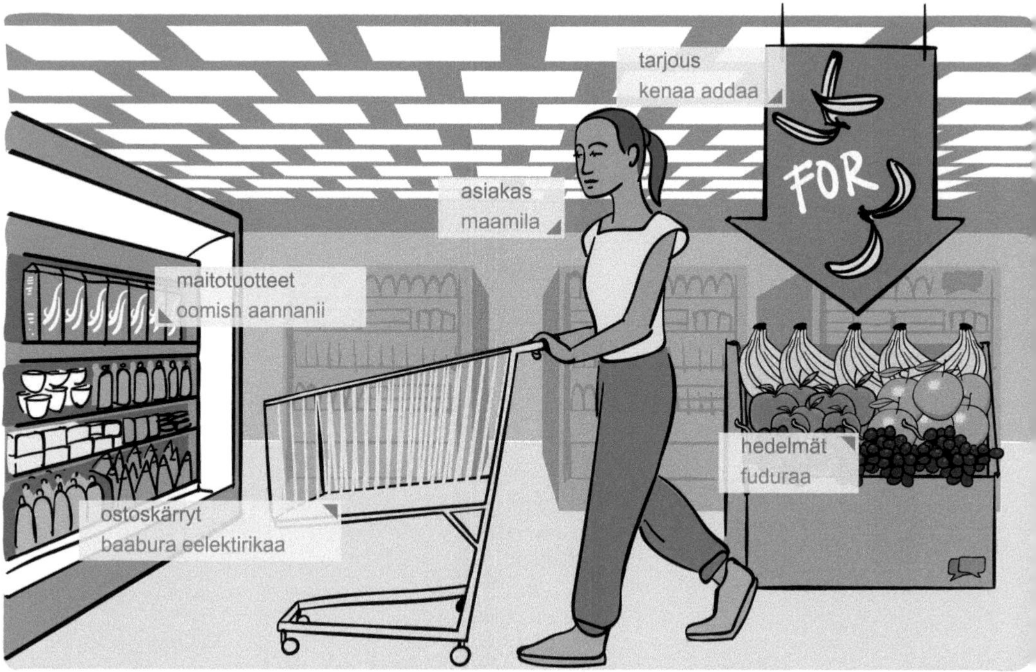

tarjous
kenaa addaa
FOR
asiakas
maamila
maitotuotteet
oomish aannanii
hedelmät
fuduraa
ostoskärryt
baabura eelektirikaa


BUTCHERS


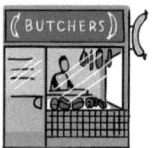

teurastamo

mana foonII

BAKERY


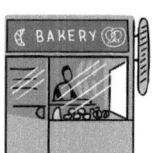

leipomo

tolohituu

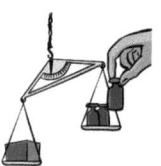

punnita

ulfaatina safaruu

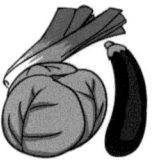

kasvikset

kuduraa

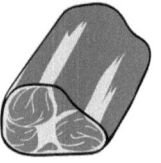

liha

foon

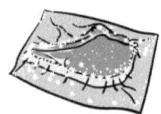

pakasteet

nyaataqorraa

**leikkele**
foon qorraa

**säilykkeet**
nyaata samsmaa

**pesujauhe**
oomoo

**makeiset**
mi'aawaa

**kotitaloustarvikkeet**
oomisha meeshaa manaa

**puhdistusaineet**
bu'aa qulqulleessuu

**myyjä**
nama gurgurtaa

**kassa**
hanga

**kassanhoitaja**
qarshi qabduu

**ostoslista**
taree gabaa

**aukioloajat**
sa'aatii baniinsaas

**lompakko**
krojoo qarshii kan dhiiraa

**luottokortti**
kireedit kaardii

**kassi**
korojoo

**muovipussi**
korojoo pilaastikaa

vesi
........................
bishaan

mehu
........................
cuunfaa

maito
........................
aannani

kokis
........................
kookii

viini
........................
wayinii

olut
........................
biiraa

alkoholi
........................
alkoolii

kaakao
........................
kookaa

tee
........................
shaayii

kahvi
........................
buna

espresso
........................
espereesso

cappuccino
........................
kaappuchuunoo

banaani

muuzii

omena

aappilii

appelsiini

burtukaana

meloni

meeloonii

sitruuna

loomii

porkkana

kaarotii

valkosipuli

qullubbii adii

bambu

leemmana

sipuli

qullubbii

sieni

jaarsa marqoo

pähkinät

godoo

spagetti

gowwaa

spagetti

ispaageetii

riisi

ruuza

salaatti

salaaxaa

ranskalaiset

chiipsii

paistetut perunat

moose affeelamaa

pitsa

piizaa

hampurilainen

hmbargarii

voileipä

saanduchii

leike

kotaleetii

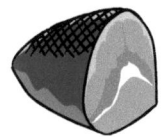

kinkku

foon booyyee kan luka
fuuiduraa

salami

nyaata mi'eessituu fi
sooggiddan sukkummame

makkara

sausage

kana

lukuu

paisti

waaddii

kala

qurxummii

kaurahiutaleet

bulluqa aajjaa

mysli

masliis

murot

fandishaa

jauho

daakuu

voisarvi

kiroosantii

sämpylä

daabboo-

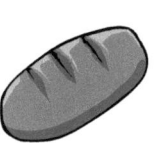

leipä

daabboo

paahtoleipä

dabboo oo'aa

keksit

buskuuta

voi

dhadhaa

rahka

itittuu

kakku

keekii

kananmuna

buuphaa

paistettu kananmuna

buuphaa affeelamaa

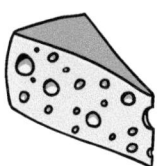

juusto

ayibii

jäätelö
aays kireemii

sokeri
shukkaara

hunaja
damma

hillo
marmaalaataa

suklaapähkinälevite
chokkoleetii bittinnaa'aa

curry
kuurii

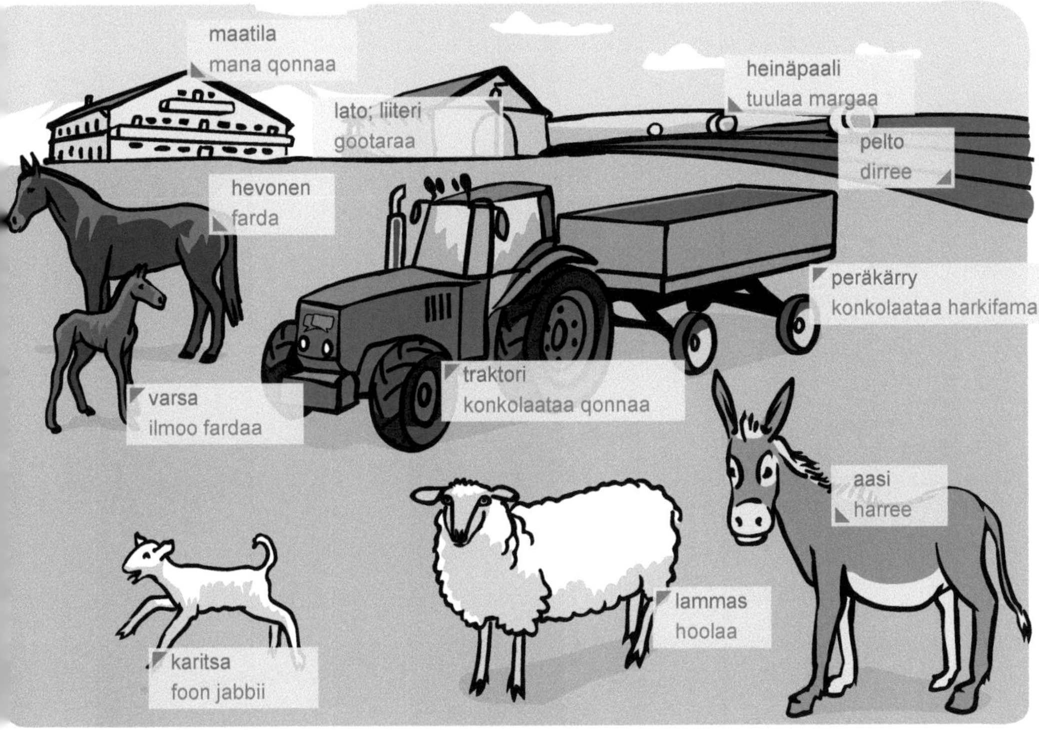

maatila
mana qonnaa

lato; liiteri
gootaraa

heinäpaali
tuulaa margaa

pelto
dirree

hevonen
farda

peräkärry
konkolaataa harkifamaa

varsa
ilmoo fardaa

traktori
konkolaataa qonnaa

aasi
harree

karitsa
foon jabbii

lammas
hoolaa

vuohi
.................
ra'ee

lehmä
.................
sa'a

vasikka
.................
jabbilee

sika
.................
booyyee

porsas
.................
ilmoo booyyee

sonni
.................
korma

hanhi

ziyyee

ankka

daakkiyyee

tipu

lukkuu

kana

lukkuu haadhoo

kukko

lukkuu kormaa

rotta

hantuuta

kissa

adurree

hiiri

hantuuta goodaa

härkä

qotiyyoo

koira

saree

koirankoppi

mana saree

puutarhaletku

ujjummoo oddoo

kastelukannu

kan ittin bishaan obaasan

viikate

haamtuu dheeraa

aura

qotuu

sirppi

haamtuu

kuokka

gasoo

talikko

manshii

kirves

qotoo

kottikärryt

gaarii goommaa

kaukalo

suluula

maitokannu

meeshaa aannanii

säkki

keeshaa

aita

dallaa

talli

tasgabbii

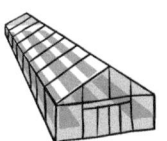

kasvihuone

mana biqiltuu

maa

biyyee

siemen

sanyii

lannoite

dachee gabbistuu

leikkuupuimuri

kmbaayinara haamaa

kerätä sato

haamuu

sato

haamuu

jamssit

biqiltuu hundeen isaa nyaatamu

vehnä

qamadii

soija

sooy

peruna

moose

maissi

boqqoolloo

rypsi

raappii siidii

hedelmäpuu

muka fudraa

maniokki

kzaavaa

vilja

midhaan biilaa

savupiippu
hula aaraa

katto
baaxii

sadevesikouru
ujummo bishaanii

ikkuna
fooddaa

autotalli
garaajii

ovikello
bilibila balbalaa

ovi
balbala

roska-astia
teessoo balfaa

postilaatikko
saanduqa xaiayaas

puutarha
oddoo

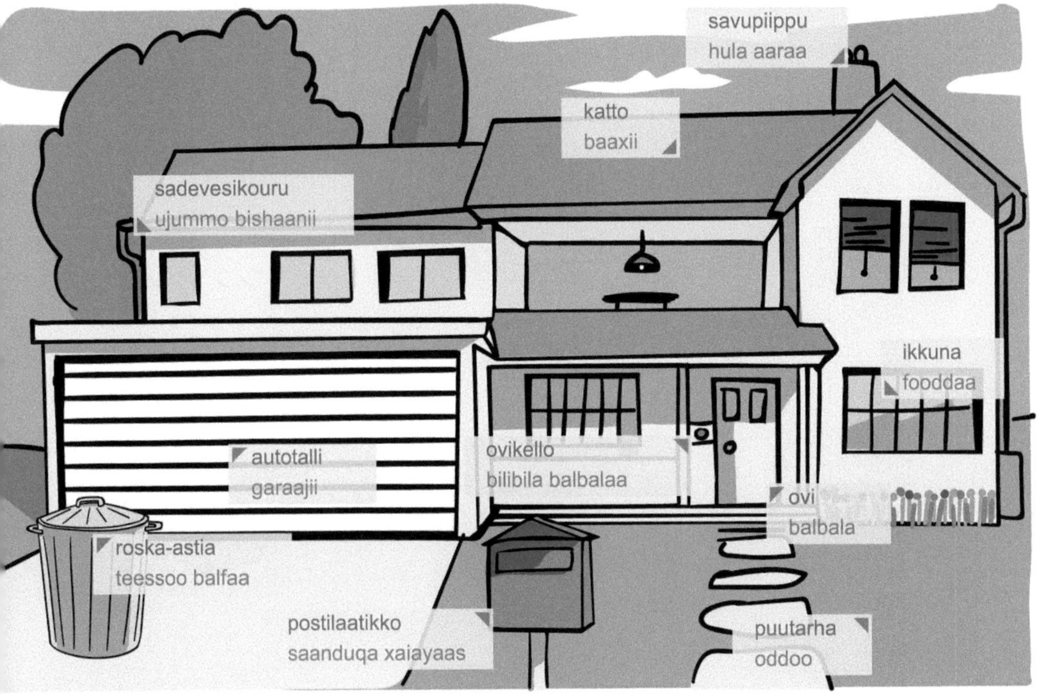

olohuone

kutaa jireenyaa

kylpyhuone

kutaa dhiqannaa

keittiö

mana bilcheessaa

makuuhuone

kutaa ciisichaa

lastenhuone

kutaa ijoollee

ruokahuone

kutaa nyaataa

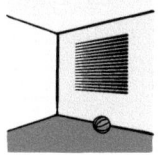

lattia

lafa

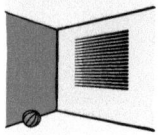

seinä

ededaa

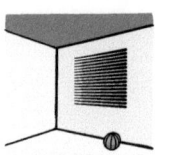

katto

baaxii

kellari

seelaarii

sauna

saawunaa

parveke

baankoonii

terassi

madaba

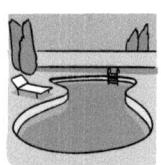

uima-allas

puulii

ruohonleikkuri

konkoolaataa haamaa

lakana

ansoolaa

päiväpeitto

uffata siree

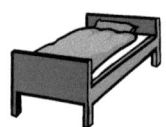

sänky

siree

harja

hartuu

ämpäri

baaldii

katkaisin

cufuu

# olohuone
# kutaa jireenyaa

tapetti
wolpeepparii
kuva
fakkii
lamppu
foon hoolaa
hylly
masalangaa
kaappi
kaappi boordiis
televisio
tlevisziinii
takka
midijjaa
kukka
abaaboo
tyyny
boraatiii
sohva
soofaa
maljakko
tessoo abaaboo
kaukosäädin
too'attuu halaalaa


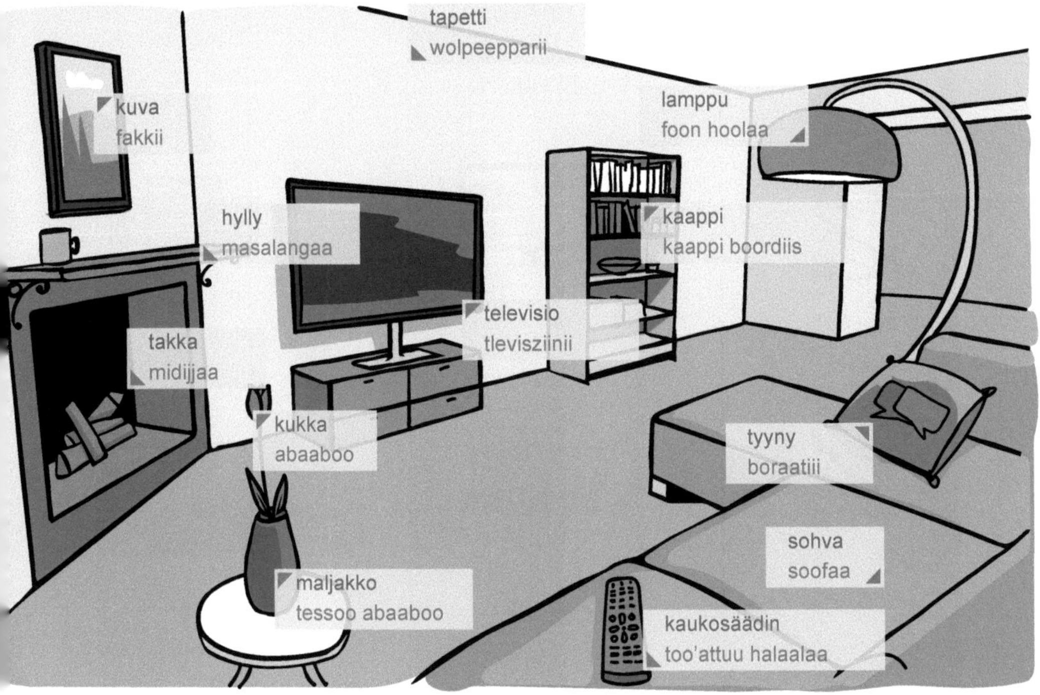

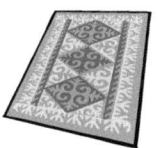

matto

afata

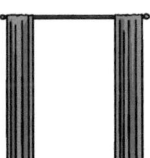

verho

golgaa

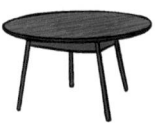

pöytä

minjaala

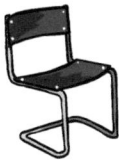

tuoli

teessoo

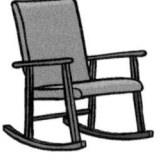

keinutuoli

teessoo rarra'aa

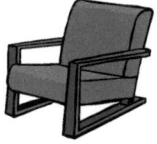

nojatuoli

teesoo ciqilffannaa

kirja

kitaaba

peitto

uffata qorraa

koriste

midhagina

polttopuut

muka qoraanii

elokuva

fiilmii

stereot

meeshaa

avain

furtuu

sanomalehti

gaazexaa

maalaus

dibuu

juliste

barjaa

radio

reedyoonii

muistivihko

daftara yaadanoo

pölynimuri

meeshaa eeleektirikaa afata
qulqulleessu

kaktus

laaftoo

kynttilä

dungoo

# keittiö
## mana bilcheessaa

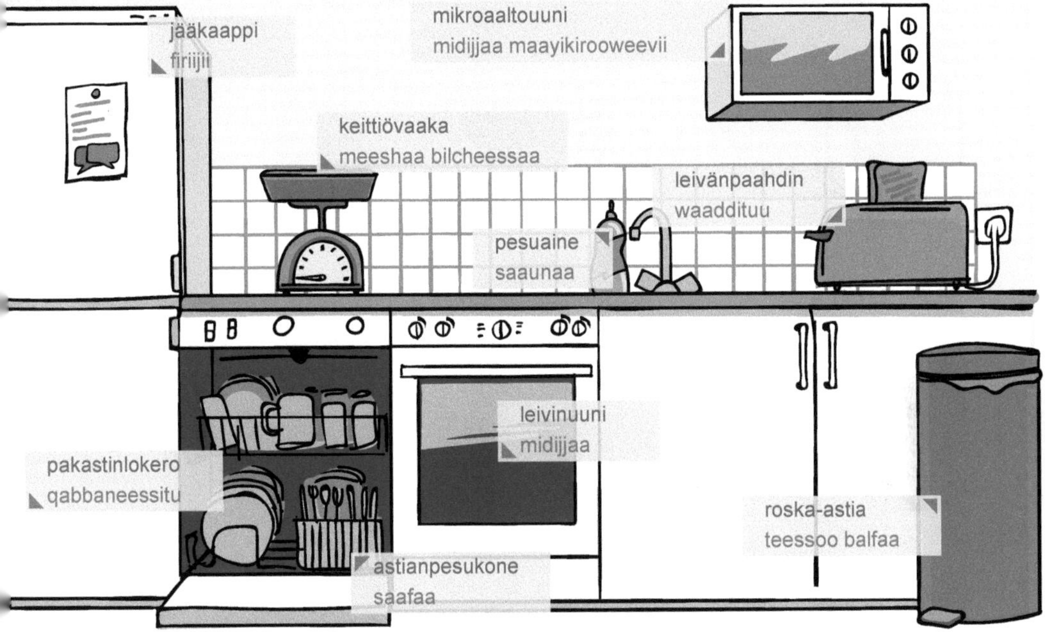
jääkaappi
firiijii
mikroaaltouuni
midijjaa maayikirooweevii
keittiövaaka
meeshaa bilcheessaa
leivänpaahdin
waaddituu
pesuaine
saaunaa
leivinuuni
midijjaa
pakastinlokero
qabbaneessitu
roska-astia
teessoo balfaa
astianpesukone
saafaa

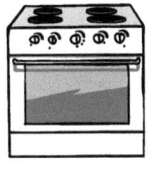

liesi
bilcheesssituu

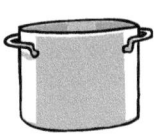

kattila
okkotee

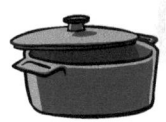

rautapata
cast-iron pot

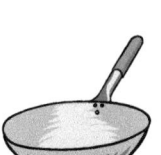

vokkipannu / kadai-pannu
sataatee

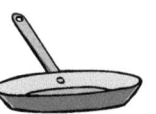

paistinpannu
waaddituu

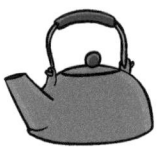

teepannu
markajii

höyrykeitin

jabala humna urkaa

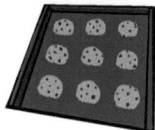

uunipelti

tirii bilcheessaa

astiat

bantuu qaruuraa

muki

geeba

kulho

sayinaa

syömäpuikot

dibata hidhii

kauha

cilfaa

paistinlasta

shuukkaa

vispilä

areeda aduurree

siivilä

dhimbiibduu

siivilä

gingilchaa

raastin

meeshaa farfartuu

mortteli

mooyyee

grilli

waadii abiddaa

avotuli

midijjaa

leikkuulauta
maktafiyaa

kaulin
martuu

korkinavaaja
bantuu qaruuraa

purkki
danda'uu

purkinavaaja
banuu danda'uu

pannulappu
teesoo okkotee

lavuaari
lixuu

tiskiharja
buruushii

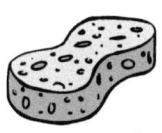

pesusieni
ispoonjii

tehosekoitin
meeshaa waliin makaa

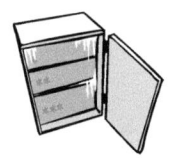

pakastin
qabbaneessaa guddaa

tuttipullo
xuuxxoo

vesihana
ujjuummoo

# kylpyhuone
## kutaa dhiqannaa

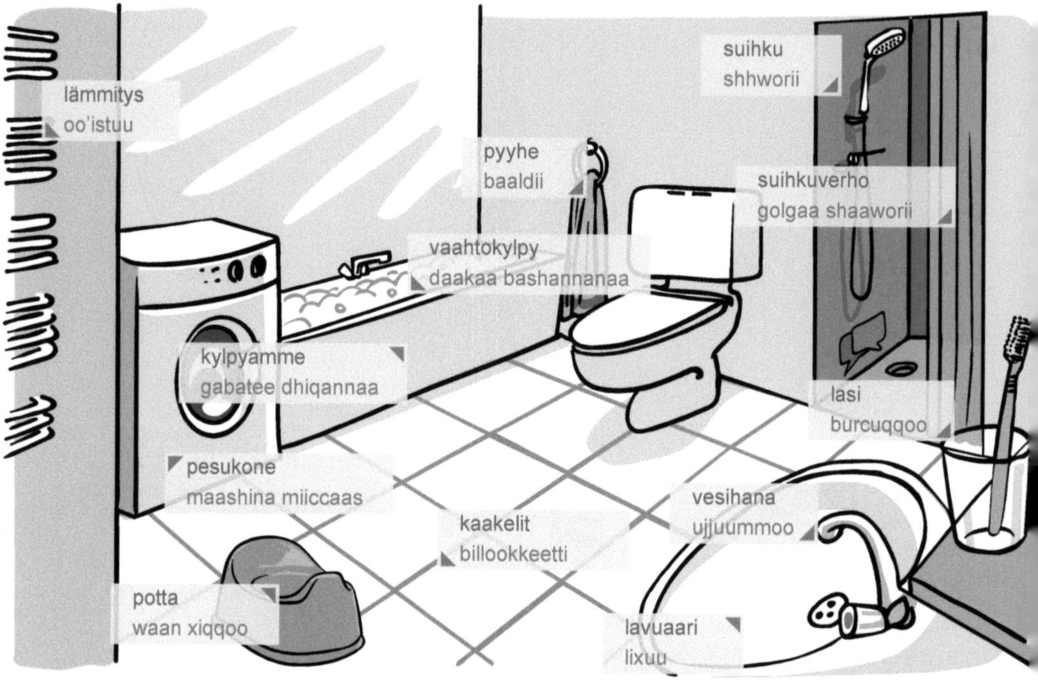

lämmitys
oo'istuu
pyyhe
baaldii
suihku
shhworii
suihkuverho
golgaa shaaworii
vaahtokylpy
daakaa bashannanaa
kylpyamme
gabatee dhiqannaa
lasi
burcuqqoo
pesukone
maashina miiccaas
vesihana
ujjuummoo
kaakelit
billookkeetti
potta
waan xiqqoo
lavuaari
lixuu


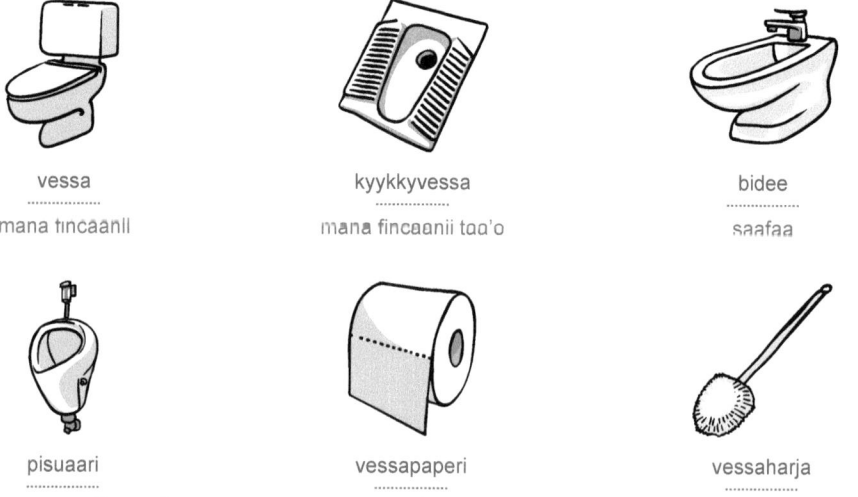

vessa
mana fincaanii

kyykkyvessa
mana fincaanii taa'o

bidee
saafaa

pisuaari
sahiinaa mana fincaanii

vessapaperi
sooftii

vessaharja
burusha mana fincaanii

hammasharja

buruushii ilkaanii

hammastahna

saamunaa ilkaanii

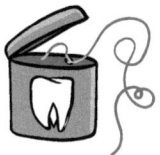

hammaslanka

soqxuu ilkaanii

pestä

dhiquu

käsisuihku

qaama dhiqannaa aadaa

intiimisuihku

kan dach

pesuvati

sulula

selkäharja

mana dhiqataa

saippua

saamunaa

suihkugeeli

dibata dhiqannaa boodaa

shampoo

shaampuu

pesulappu

jejuu

viemäri

gogsuu

voide

kireemii

deodorantti

dodoraantii

peili

daawitii

käsipeili

daawitii hrkaa

partaveitsi

milaacii

partavaahto

dibata areedaas

partavesi

diibata areedaa

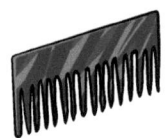

kampa

filaa

harja

burusha

hiustenkuivaaja

qoorsituu rifeensaa

hiuslakka

hafuuftuu rifeensaa

meikki

meekaappii

huulipuna

lippistiikii

kynsilakka

qeessa muculiksituu

pumpuli

jirbii

kynsisakset

murtuu qeessa

hajuvesi

shittoo

kosmetiikkalaukku

korojoo dhiqannaa

jakkara

gatteechuma

vaaka

iskeelii ulfaatinaa

kylpytakki

uffata dhiqannaa

kumihansikkaat

guwaantii pilaastikaa

tamponi

moodesii

terveysside

fooxaa qulquulinaa

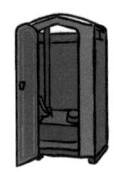

kemiallinen wc

keemikaala mana fincaanii

# lastenhuone
# kutaa ijoollee

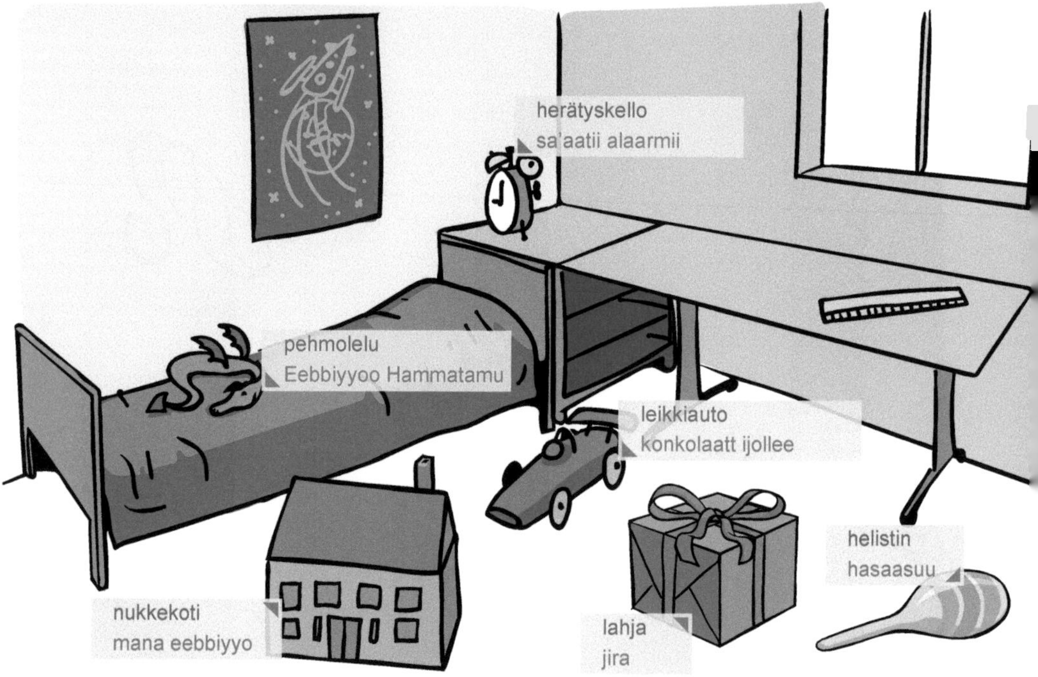

herätyskello
sa'aatii alaarmii
pehmolelu
Eebbiyyoo Hammatamu
leikkiauto
konkolaatt ijollee
helistin
hasaasuu
nukkekoti
mana eebbiyyo
lahja
jira

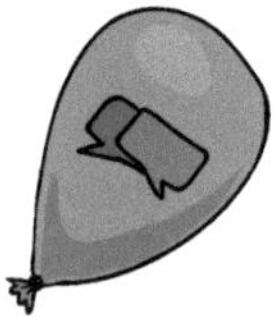

ilmapallo

baaloonii

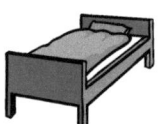

sänky

siree

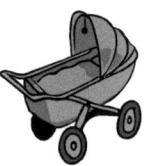

lastenvaunut

gaarii daa'imaa

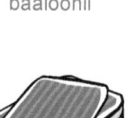

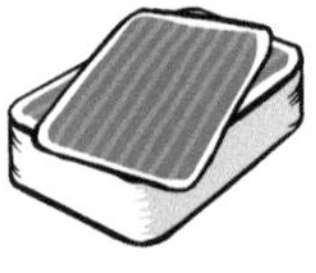

korttipeli

Minjaala Kaardii

palapeli

akaafaa

SUPER MEGA

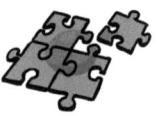

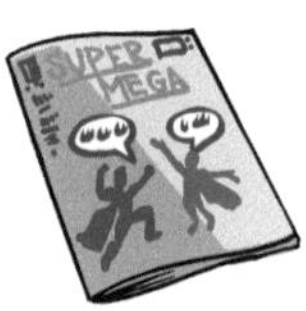

sarjakuva

kofalchiisaa

legopalikat

lego bricks

rakennuspalikat

dlookii ijaarsaa

supersankari

lakkofsa gochaa

potkupuku

guddina daa'imaa

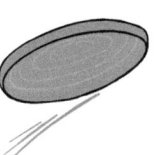

frisbee

saahinaa taphaa

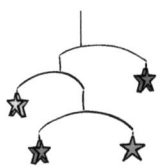

mobile

mobaayilii

lautapeli

gabatee taphaa

noppa

kuubii lakk. 1-6 qabu

pienoisjunarata

teessuma leenji'aa
modeelaa

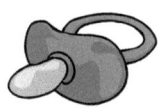

tutti

fakkii

juhlat

afeerrii

kuvakirja

kitaaba fakii

pallo

kubbaa

nukke

eebiyyoo

leikkiä

tapha

hiekkalaatikko

boolla cirrachaa

keinu

hodhuu

lelut

eebbiyyoo

pelikonsoli

konsoli tapha viidyoo

kolmipyörä

marsaa sadii

nalle

eebiyyo hammatamtu

vaatekaappi

sanduqaa dhaabbii

# vaatteet

## cuufinsa

sukat

kaalsii

nylonsukat

istookingii

sukkahousut

taayitii

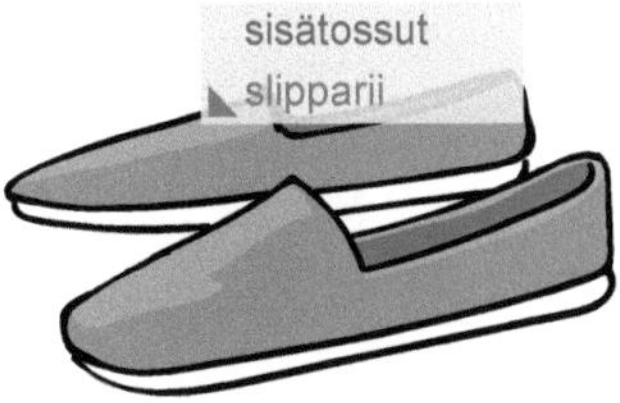

kaulaliina
guftaa

sateenvarjo
dibaaboo

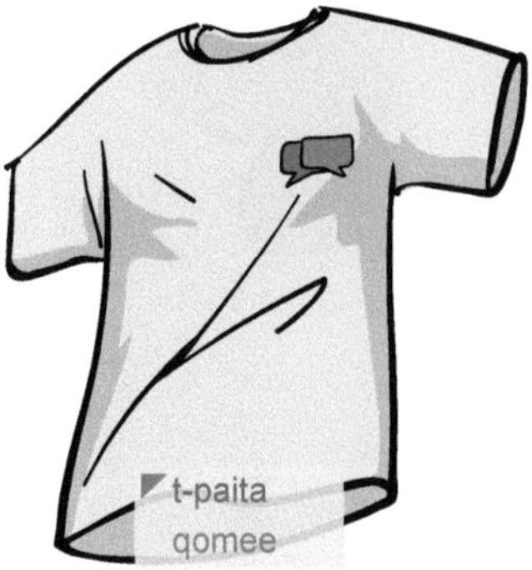

t-paita
qomee

vyö
qabattoo

saappaat
bidiruuwwan

sisätossut
slipparii

lenkkarit
leenjitoota

sandaalit

kophee banaa

kengät

kophee

kumisaappaat

bidiruu pilaastikaa

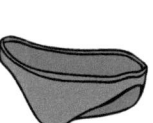

alushousut

butaantaa

rintaliivit

harmaa

aluspaita

sadariyyaa

body
qaama

housut
kofoo dheeraa

farkut
jiinsii

hame
dalgee

pusero
shamiza

paita
shurraaba

villapaita
shurraaba

collegepaita
haaguuggii jaakkeettii

jakku
yuunifoormii

takki
jaakkeettii

takki
kootii

sadetakki
kafana roobaa

puku
barsuma

mekko
wandaboo

hääpuku
kafana gaa'ilaa

puku

kafana guutuu

yöpaita

uffata halkanii

pyjama

bijaamaa

shari

wandaboo hindii

päähuivi

guftaa

turbaani

marata

burka

burqaa

kaftaani

jalabiyyaa

abaya

abaya

uimapuku

kafana daakkaa

uimahousut

mudhii

shortsit

kofoo gabaabaa

verkkarit

kafanafgichaa

esiliina

appiroonii

käsineet

guwwaantii

nappi

furtuu

silmälasit

burcuqqoowwan

rannekoru

gumee

kaulakoru

amartii

sormus

qubeelaa

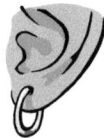

korvakoru

glii

lippalakki

geeba

ripustin

fanoo kootii

hattu

qoobii

solmio

karbaata

vetoketju

ziippii

kypärä

heelmeetii

henkselit

collee

koulupuku

uffata mana baruumsaa

univormu

yuunifoormii

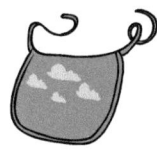

ruokalappu

kafana gorooraa

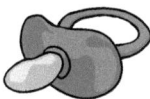

tutti

fakkii

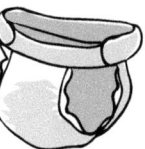

vaippa

naappii

# toimisto
# waajjira

palvelin
sarvarii
asiakirjakaappi
faayil kaabineetii
tulostin
piriintarii
paperi
warqaa
näyttö
moonitarii
hiiri
maawzii
kirjoituspöytä
minjaala
kansio
fooldarii
näppäimistö
kiiboordii
tuoli
teessoo
roskakori
qircaata gatoo
tietokone
kompitara


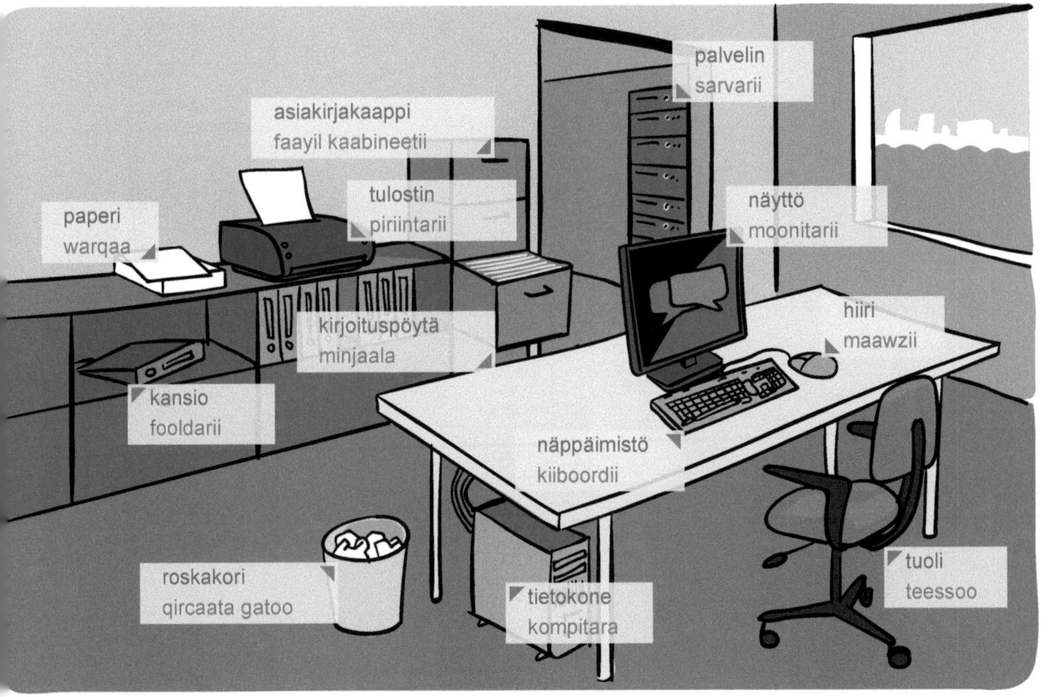

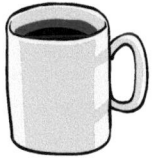

kahvimuki

siinii bunaa

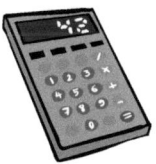

taskulaskin

herregduu

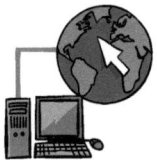

internet

intarneetii

kannettava tietokone

lab tooppii

kirje

xalaya

viesti

ergaa

kännykkä

mobbyilii

verkko

neetwoorkii

kopiokone

maashina footokoppii

ohjelmisto

sooft weerii

puhelin

bilbila

pistorasia

sookkeetii suuqii

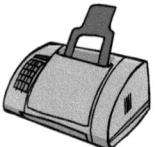

faksi

maashina faaksiis

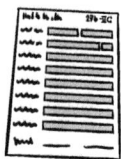

lomake

uunkaa

asiakirja

dookimantii

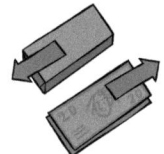

ostaa

bituu

maksaa

kafaluu

vaihtaa

daldaluu

raha

qarshii

dollari

doolaara

euro

yuroou

jeni

yen

rupla

ruubilii

frangi

Farankaa swwiz

renminbi juan

yuwaanii reenmiinbii

rupia

ruuppee

pankkiautomaatti

kaash pooyintii

rahanvaihto

biiroo de cheenjee

kulta

warqee

hopea

meeta

öljy

zayita

energia

human

hinta

gatii

sopimus

koontiraata

vero

taaksii

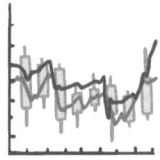

osake

shaqaxa

työskennellä

hojjechuu

työntekijä

qacaramaa

työnantaja

qacaraa

tehdas

faabrikaas

liike

dukkaana

# ammatit
# hojii

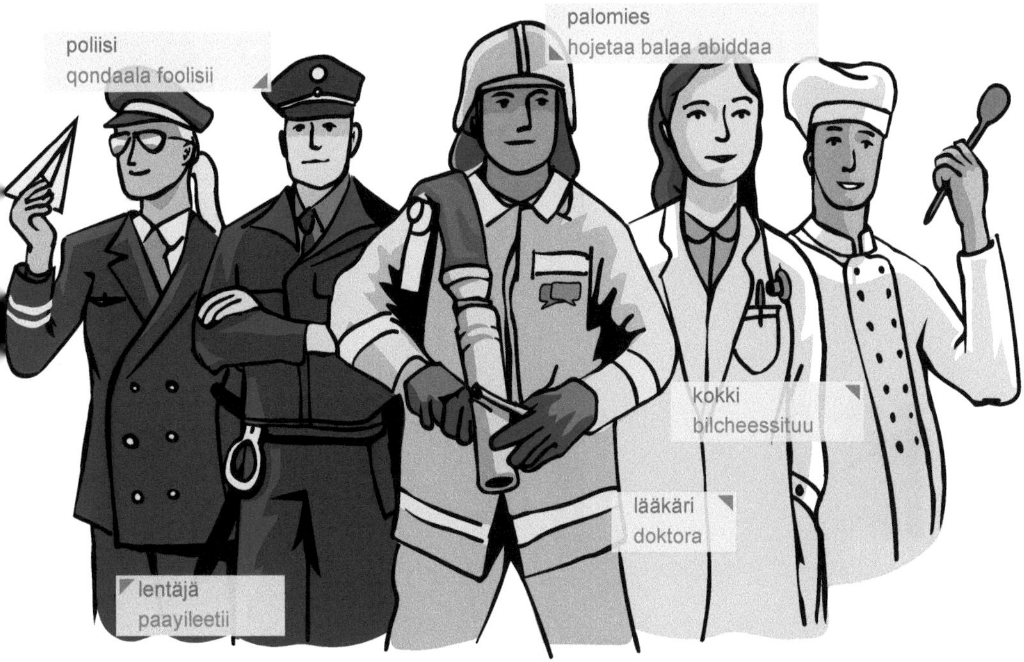

palomies
hojetaa balaa abiddaa
poliisi
qondaala foolisii
kokki
bilcheessituu
lääkäri
doktora
lentäjä
paayileetii


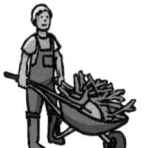

puutarhuri

waardiyyaa

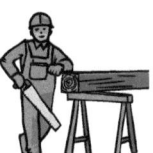

puuseppä

ogeessa mukaa

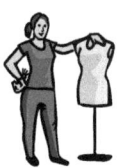

ompelija

ooftuu jabalaa

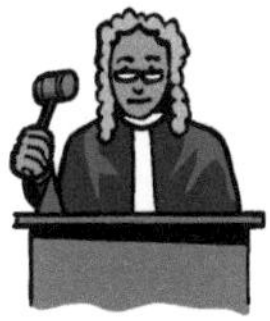

tuomari

abbaa seeraa

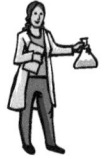

kemisti

keemistii

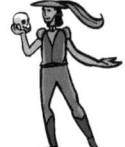

näyttelijä

ta'aa

linja-autonkuljettaja

konkolaachisaa

taksinkuljettaja

konkolaachisaataaksii

kalastaja

qurxumii kiyyeessaa

siivooja

qulqulleessituu

katontekijä

hojetaa baaxii

tarjoilija

keessummeessaa

metsästäjä

adamisituus

maalari

halluu dibduu

leipuri

tolchituu

sähköasentaja

elektrishaana

rakentaja

ijaaraa

insinööri

injinara

teurastaja

mana foonii

putkiasentaja

hjjetaa ujummoo

postinjakaja

poostaa geessituu

sotilas
raayyaa

arkkitehti
arkteektii

kassanhoitaja
qarshi qabduu

floristi
abaaboo gurgurtuu

kampaaja
dabbasaa murtuu

konduktööri
kondaaktara

mekaanikko
makaanika

kapteeni
kaappiteenii

hammaslääkäri
hakiima ilkee

tiedemies
saayntiistii

rabbi
rabbi

imaami
imaama

munkki
moloskee

pappi
luba

# työkalut
## meeshaalee

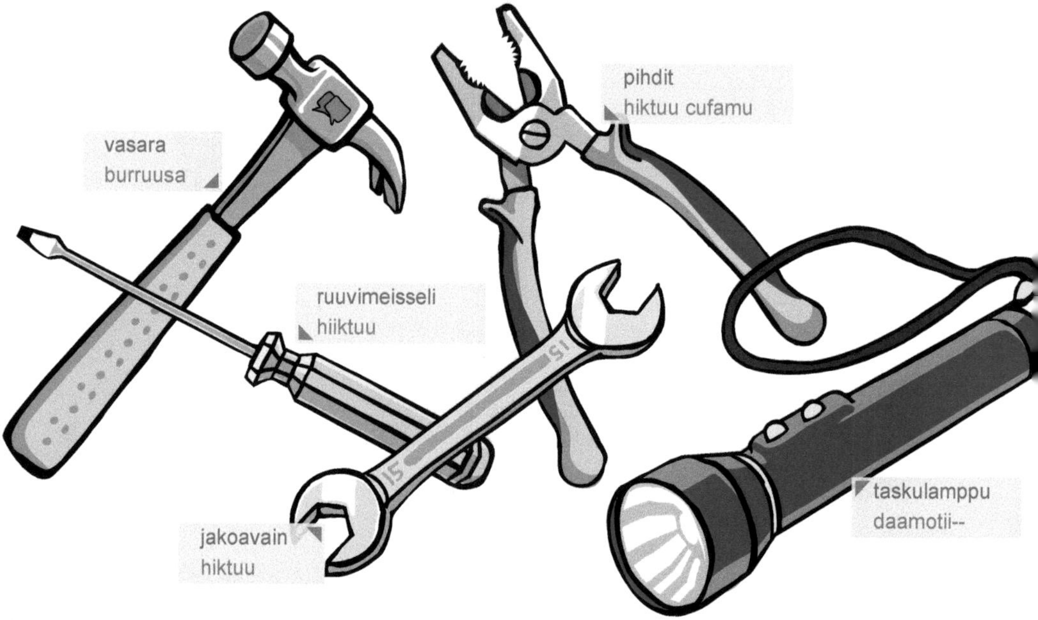
pihdit
hiktuu cufamu
vasara
burruusa
ruuvimeisseli
hiiktuu
taskulamppu
daamotii--
jakoavain
hiktuu

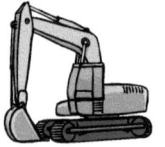

kaivinkone
gasoo

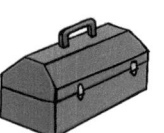

työkalupakki
saanduqa moochhalee

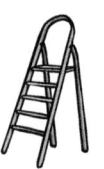

tikkaat
kortoo

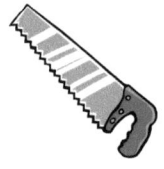

saha
magaazii

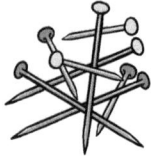

naulat
bismaara

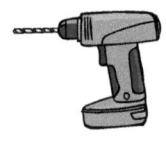

pora
diriilii

korjata

suphuu

lapio

akaafaa

Hitto!

dhaabi

rikkalapio

gataa balfaa

maalipurkki

qodaa haalluu

ruuvit

hiktuu

## soittimet
## meeshaalee muuziqaa

kaiuttimet
sagalee guddistuu

rummut
teessoo dibbee

kitara
gitaara

kontrabasso
sagalee baay'ee xiqqaa

trumpetti
tiraampeetii

piano

piyaanoo

viulu

vaayoolinii

basso

sagalee xiqqaa

patarummut

timpaanii

rumpu

dibbee

kosketinsoitin

kiiboordii

saksofoni

saaksi foona

huilu

ulullee

mikrofoni

may craafoona

# eläintarha
## dallaa beeladaa

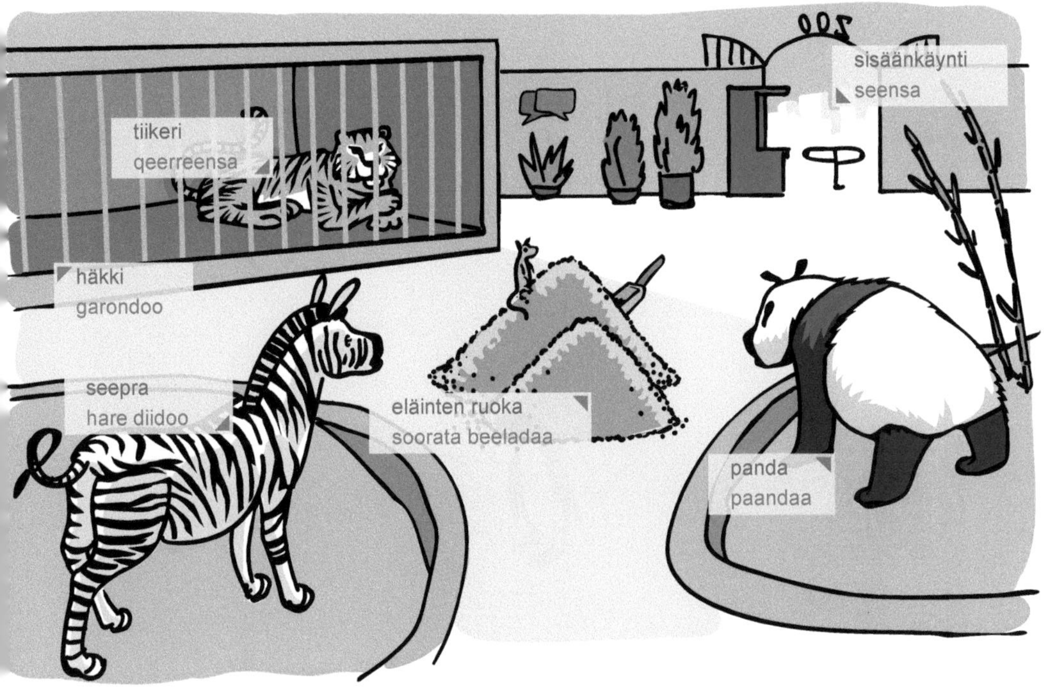

zoo
sisäänkäynti
seensa
tiikeri
qeerreensa
häkki
garondoo
seepra
hare diidoo
eläinten ruoka
soorata beeladaa
panda
paandaa


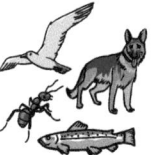

eläimet

beeladoota

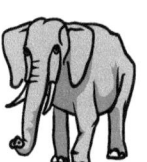

norsu

arba

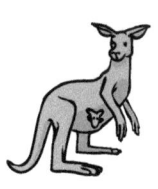

kenguru

kaangaaroo

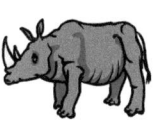

sarvikuono

warseesa

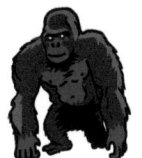

gorilla

jaldeessa guddaa

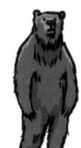

karhu

godaa

kameli

gala

strutsi

guchii

leijona

leenca

apina

jaldeessa

flamingo

fiilaamingoo

papukaija

simbira dubbattu

jääkarhu

diibii poolarii

pingviini

peengyuunii

hai

shaarkii

riikinkukko

piikookii

käärme

bofa

krokotiili

qocaa

eläintarhanhoitaja

eegaa zoo

hylje

chaappaa

jaguaari

sanyii qeerensaa

poni

farda gabaabduu

leopardi

sanyii qeerrensaa

virtahepo

roobii

kirahvi

sattaawwaa

kotka

culullee

villisika

ifaannaa

kala

qurxummii

kilpikonna

qocaa galaanaa

mursu

beelada bishaan keessaa

kettu

sardiida

gaselli

godaa

amerikkalainen jalkapallo
kubbaa miilaa ameerikaa

pyöräily
dargmmii bishkilileettaa

tennis
teenisa

koripallo
kubba kaachoo

uinti
bishaan daakkaa

nyrkkeily
aboottoo

jääkiekko
sigigoo cabbie

jalkapallo
kubbaa miilaa

sulkapallo
baadmcntonii

yleisurheilu
atileetii

käsipallo
kubba harkaa

hiihto
skiing

poolo
pooloo

# aktiviteetit
# sochii

nauraa
kolfa
hypätä
utaalcha
halata
hammachuu
kävellä
deemuu
laulaa
sirbuu
unelmoida
abjuu
rukoilla
kadhannaa
suudella
dhungoo

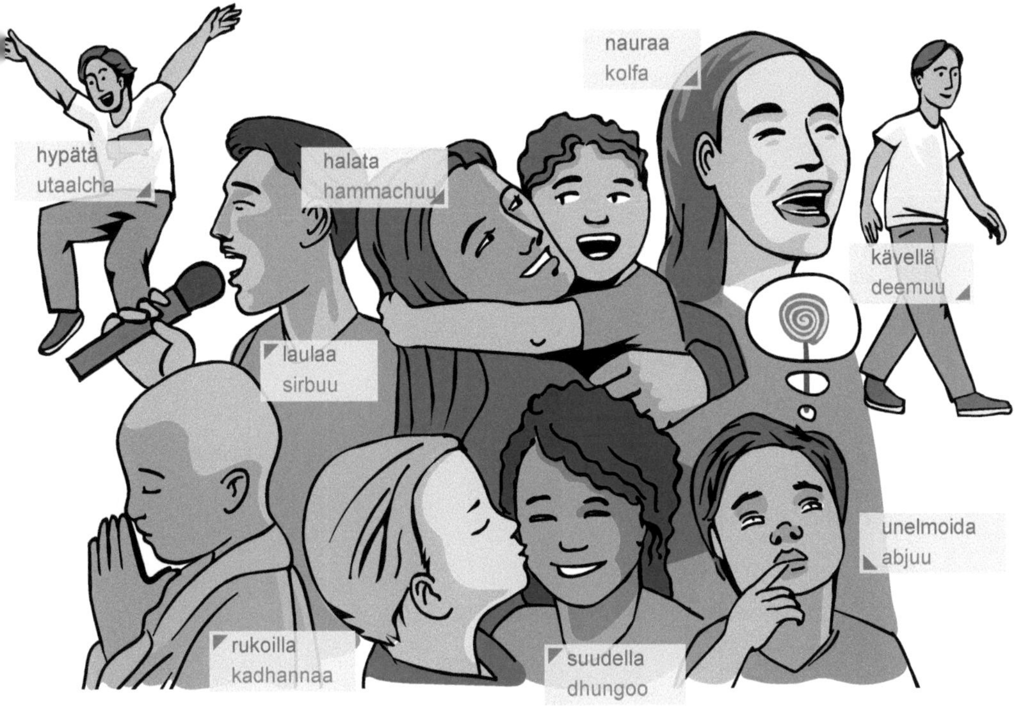

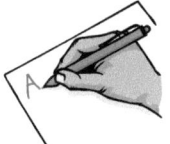

kirjoittaa

barreessuu

piirtää

fakkii kaasuu

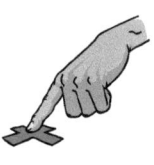

näyttää

agrsiisuu

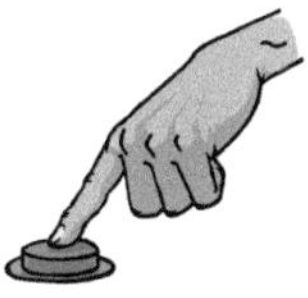

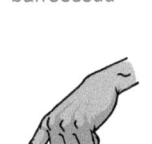

painaa

dhiibuu

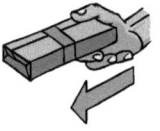

antaa

kennuu

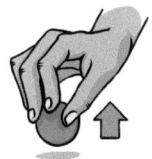

ottaa

fudhachuu

omistaa

qabaachuu

tehdä

gochuu

olla

ta'uu

seisoa

dhaabbachuu

juosta

kaachuu

vetää

harkisuu

heittää

darbachuu

kaatua

kufuu

maata

soba

odottaa

eeguu

kantaa

baachuus

istua

taa'uu

pukeutua

uffachuu

nukkua

rafuu

herätä

dammaqu

katsoa
ilaaluu

itkeä
iyyuu

silittää
dhiibbaa dhiigaa

kammata
filuu

puhua
haasa'uu

ymmärtää
hubachuu

kysyä
gaafachuu

kuunnella
dhggeeffachuu

juoda
dhuguu

syödä
nyaachuu

siivota
ol kaasuu

rakastaa
jaalala

keittää
bilcheessuus

ajaa
oofuu

lentää
barrisuu

purjehtia

jabalan

laskea

heerregii

lukea

dubbisuu

oppia

baruumsa

työskennellä

hojjechuu

mennä naimisiin

fuudha

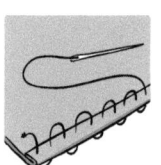

ommella

hodhuu

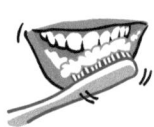

pestä hampaat

ilkaan rigachuu

tappaa

ajjeecha

tupakoida

xuuxuu

lähettää

erguu

# perhe
# warra

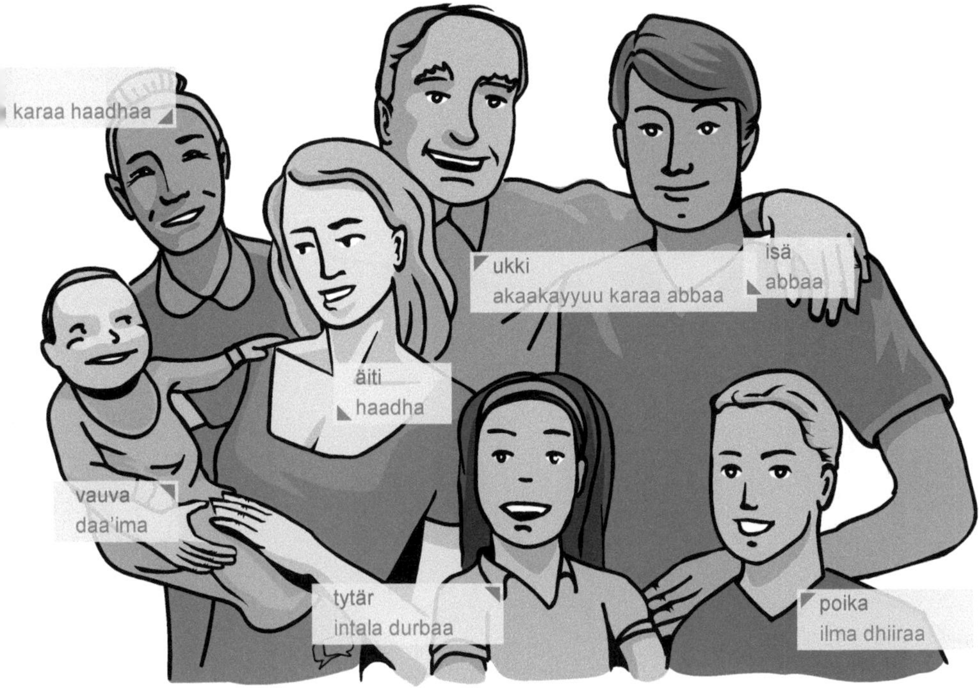
karaa haadhaa
ukki
akaakayyuu karaa abbaa
isä
abbaa
äiti
haadha
vauva
daa'ima
tytär
intala durbaa
poika
ilma dhiiraa

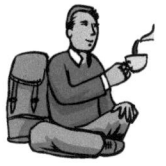

vieras
keessummaas

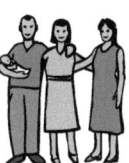

täti
adaadaa

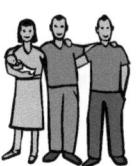

setä
eessuma

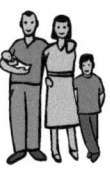

veli
obboleessa

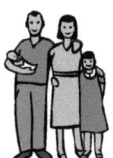

sisko
obboleettii

# vartalo

# qaama

otsa
adda
silmä
ija
olkapää
ceekuu
sormet
quba
kasvot
fuula
leuka
igicii
käsi
harka
jalka
luka
rinta
harma
käsivarsi
irree


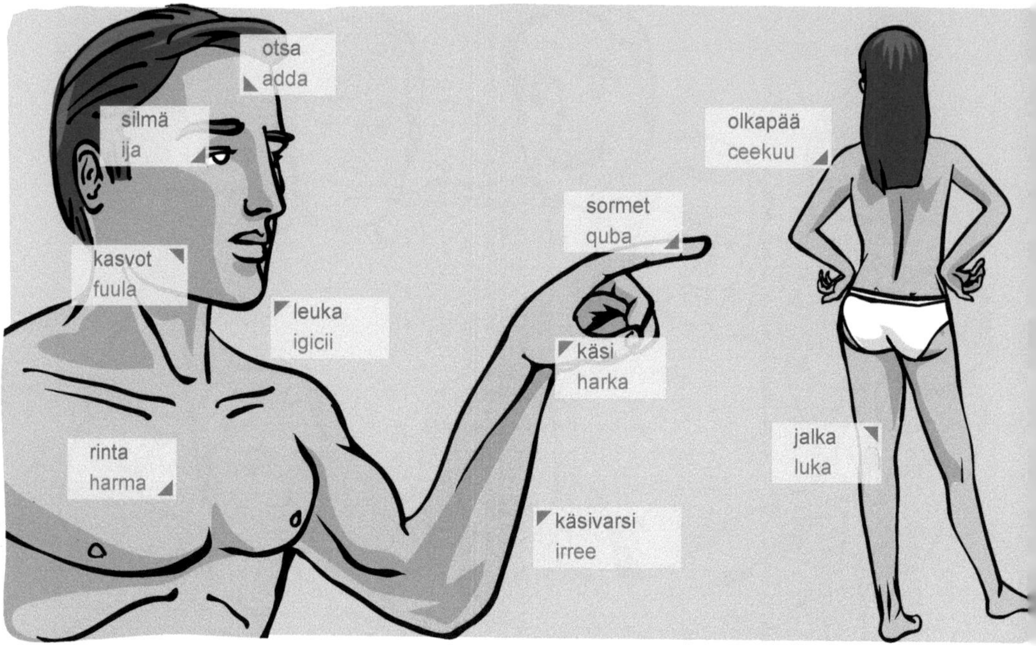

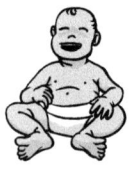

vauva

daa'ima

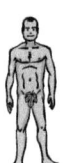

mies

nama

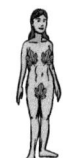

nainen

dubartii

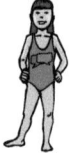

tyttö

durba

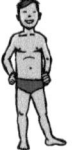

poika

mucaa

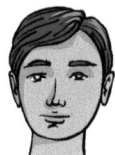

pää

mataa

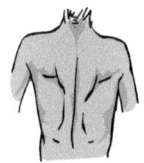

selkä
duuba

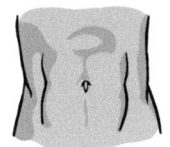

maha
godhami

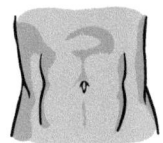

napa
belly button

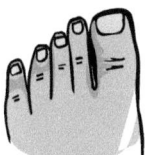

varvas
qubq miilaa

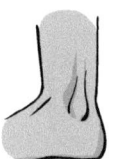

kantapää
koomee

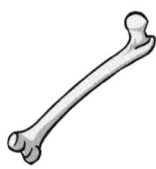

luu
lafee

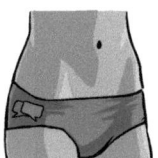

lantio
dirra

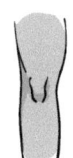

polvi
jilba

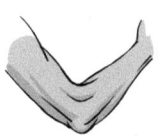

kyynärpää
ciqilee

nenä
fuunyaan

takapuoli
jala

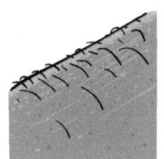

iho
gogaa

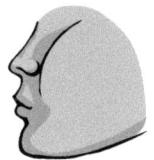

poski
boqoo

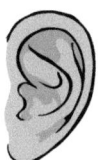

korva
gurra

huuli
hidhii

suu

afaan

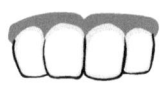

hammas

ilkee

kieli

arraba

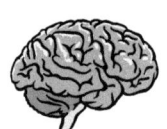

aivot

sammuu

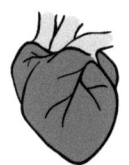

sydän

onnee

lihas

fon irree

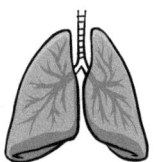

keuhkot

somba

maksa

tiruu

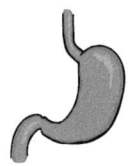

vatsa

garaacha

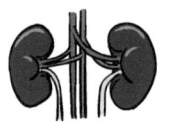

munuaiset

kaleewwan

seksi

wal qunnamitii saalaa

kondomi

kondomii

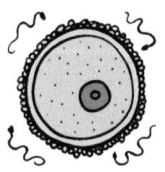

munasolu

buphaa dubartii

sperma

mi'oo

raskaus

ulfa

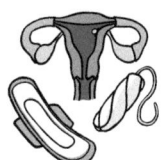

kuukautiset

laguu ji'aa

vagina

buqushaa

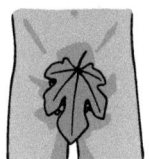

penis

tuffee

kulmakarvat

laboobbaa ijaa

hiukset

rifeensa

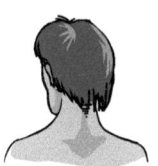

niska

morma

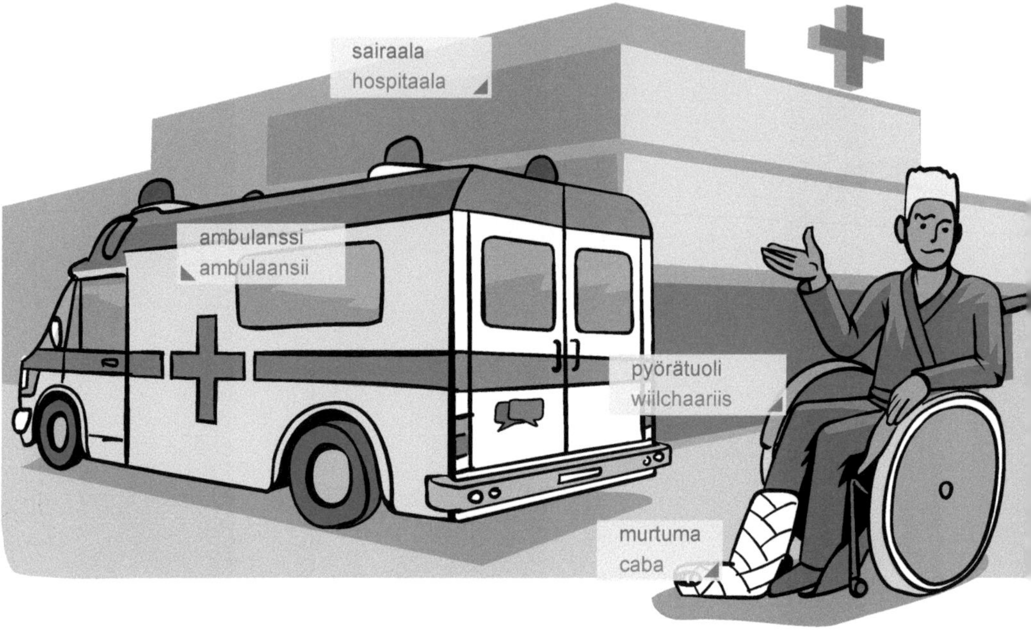

# sairaala
# hospitaala

sairaala
hospitaala
ambulanssi
ambulaansii
pyörätuoli
wiilchaariis
murtuma
caba


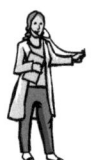

lääkäri

doktora

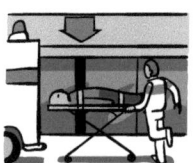

ensiapu

kutaa hatattamaa

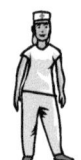

sairaanhoitaja

narsii

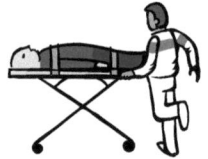

hätätilanne

hatattama

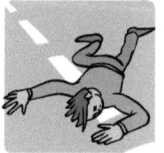

tajuton

kan hin dammaqin

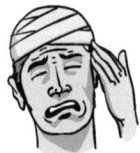

kipu

dhukkubbii

vamma

miidhhaa

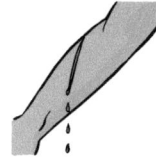

verenvuoto

dhiiguu

sydänkohtaus

dhukkuba onnee

aivoinfarkti

baay'ina dhiigaa

allergia

hooqxoo

yskä

qufaa

kuume

oo'aa qaamaa

flunssa

qufaa

ripuli

baasaa

päänsärky

bowoo mataa

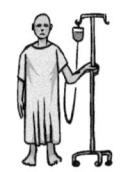

syöpä

kaansarii

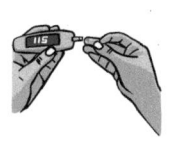

diabetes

dhibee sukkaaraa

kirurgi

baqaqsanii hodhuu

veitsi

halbee

leikkaus

hojii

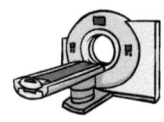

ct

CT

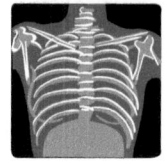

röntgen

raajii

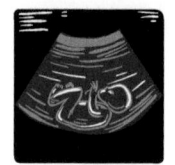

ultraääni

aaltraasaawandii

maski

haguuggii fuuiaa

sairaus

dhukkuba

odotushuone

kutaa haar galfii

sauva

hirkannaa

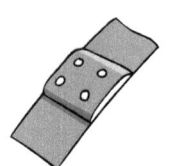

laastari

pilaastara

side

baandeejii

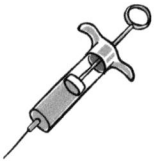

pistos

limmoo waraanuu

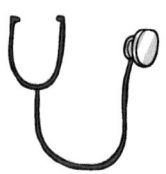

stetoskooppi

isteetskooppi

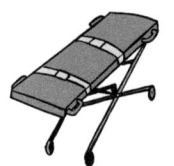

paarit

siree dhukkubsataa

kuumemittari

termoo meetira klinikaa

syntymä

dhaloota

ylipaino

ulfaatinaa ol

kuulolaite

gargaaraa dhageettii

desinfiointiaine

qoricha aramaa

infektio

miidhama keessaa

virus

vaayirasa

HIV / AIDS

ECH AAIVII / EEDSII

lääke

qoricha

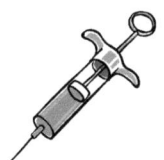

rokotus

talaallii

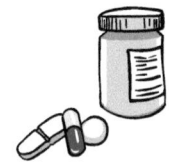

tabletit

kiniinii

pilleri

kiniinii

hätäpuhelu

waamicha hatattamaa

verenpainemittari

too'attuu dhiibbaa dhiigaa

sairas / terve

dhukkuba / fayyaa

Apua!

gargaarsa!

hälytys

alaarmiis

ryöstö

weerara

hyökkäys

miidhuu

vaara

suukaneessaa

hätäuloskäynti

baha hatattamaa

Tulipalo!

abidda

palosammutin

abidda dhaamisituu

onnettomuus

balaa

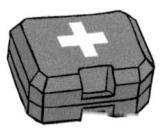

ensiapulaukku

saanduqa gargaasa
calqabaa

SOS

Sii'oosii

poliisilaitos

foolisii

Eurooppa
awurooppaa

Pohjois-Amerikka
ameerikaa kabaa

Etelä-Amerikka
ameerikaa kibbaa

Afrikka
afrikaa

Aasia
eesiyaa

Australia
awustraaliyaa

Atlantin valtameri
atilaantik

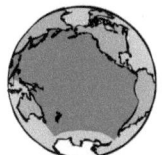

Tyynimeri
paasfiik

Intian valtameri
galaana hindii

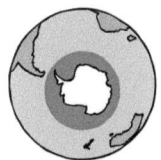

Eteläinen jäämeri
galaana antaartikaa

Pohjoinen jäämeri
galaana arkitiik

pohjoisnapa
polii kaabaa

etelänapa

polii kibbaa

Antarktis

antaartikaa

maa

dachee

maa

dachee

meri

garba

saari

odola

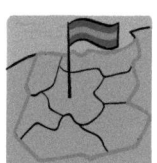

kansa

lammii

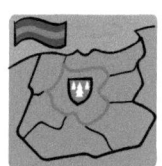

osavaltio

kutt biyyaa

kellotaulu

clock face

tuntiviisari

sa'aatii kana

minuuttiviisari

daqiiqaa kana

sekuntiviisari

moofaa

Paljonko kello on?

yeroon meeqa ta'ee?

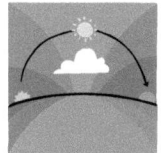

päivä

guyyaa

aika

yeroo

nyt

amma

digitaalikello

sa'aatii diiskoo

minuutti

daqiiqaa

tunti

sa'aatii

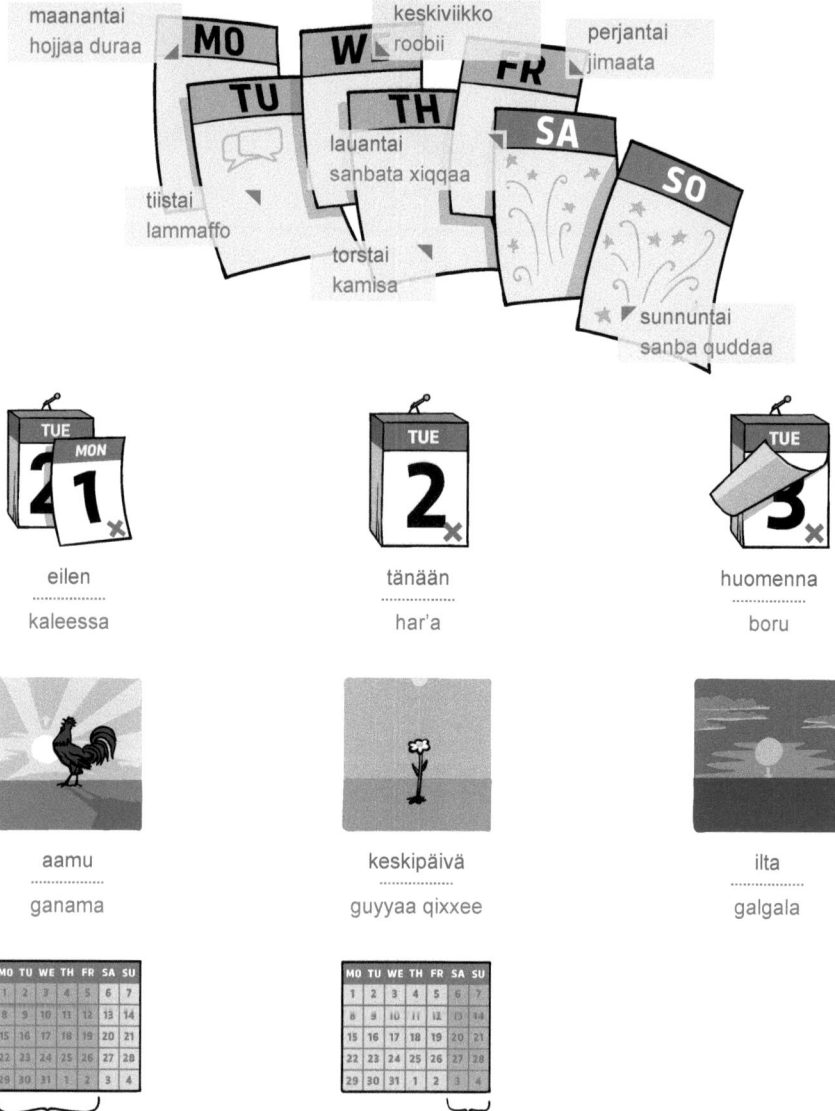

maanantai
hojjaa duraa

keskiviikko
roobii

perjantai
jimaata

tiistai
lammaffo

lauantai
sanbata xiqqaa

torstai
kamisa

sunnuntai
sanba quddaa

| eilen | tänään | huomenna |
|---|---|---|
| kaleessa | har'a | boru |

| aamu | keskipäivä | ilta |
|---|---|---|
| ganama | guyyaa qixxee | galgala |

| työpäivät | viikonloppu |
|---|---|
| guyyaa hojii | dhuma forbee |

# vuosi
# waggaa

sade
rooba
sateenkaari
sabbata waaqqaa
tuuli
bubbee
lumi
cabbii
kevät
birraa
kesä
bona
syksy
arfaasaa
talvi
ganna

4.APRIL 11°
5.APRIL 4°
6.APRIL 13°
7.APRIL 8°
8.APRIL 10°

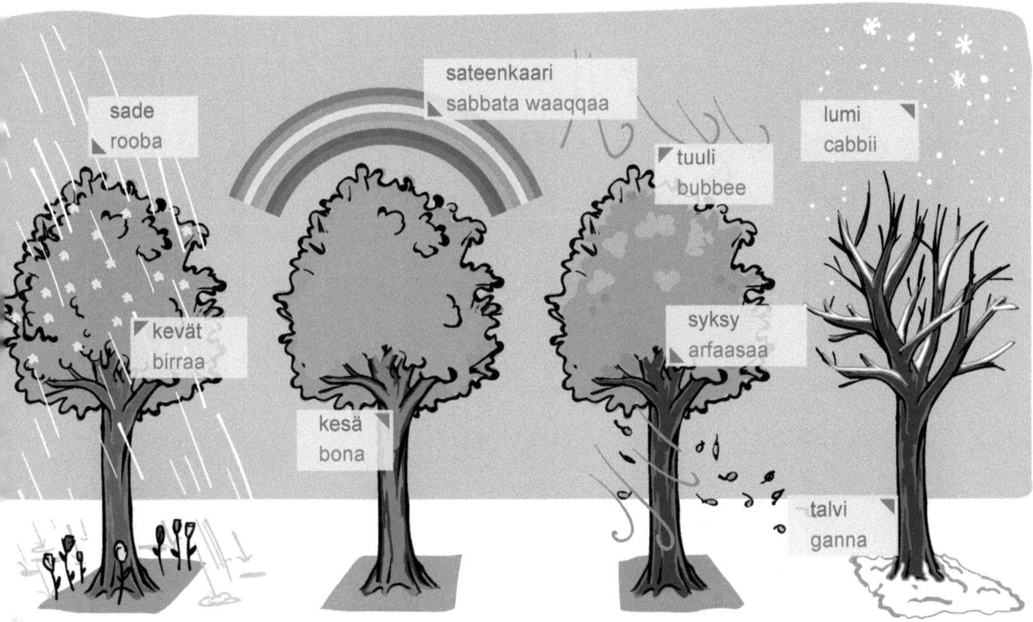

sääennuste

raaga haala qileensaa

F C
120 40
90 30
60 20
30 10
0 0
-30 -10
-20

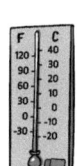

lämpömittari

teermoomeetirii

auringonpaiste

baha aduu

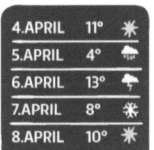

pilvi

duumessa

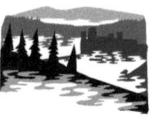

sumu

hurii

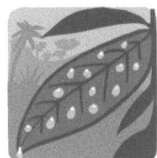

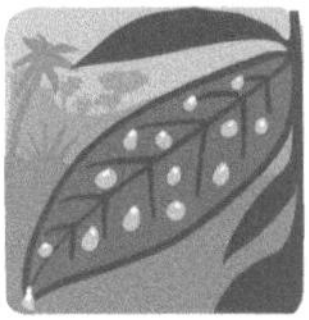

ilmankosteus

jiidha

salama

bakakkaa

ukkonen

balaqqee

myrsky

dirrisa

rae

cabbii

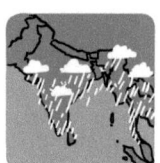

monsuuni

monsoon

tulva

lolaa

jää

cabbie

tammikuu

Amajjii

helmikuu

Gurraandhala

maaliskuu

Bitootessa

huhtikuu

Eebila

toukokuu

Caamsaa

kesäkuu

Waxabajji

heinäkuu

Adooleessa

elokuu

Hagayya

syyskuu
................
Fulbaana

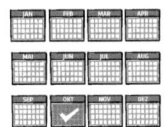

lokakuu
................
Onkololeessa

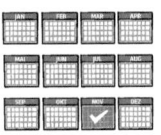

marraskuu
................
Sadaasa

joulukuu
................
Muddee

## muodot
## boca

ympyrä
................
geengoo

neliö
................
isqeerii

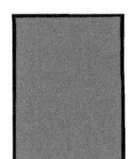

suorakulmio
................
rog arfee

kolmio
................
rg sadee

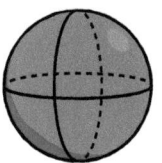

pallo
................
molaalee

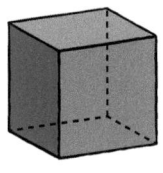

kuutio
................
kuubii

valkoinen

adii

keltainen

boora

oranssi

keelloo

vaaleanpunainen

boorilee

punainen

diimaa

violetti

bunnii

sininen

cuqliisa

vihreä

magariisa

ruskea

magaala

harmaa

bulee

musta

gurraacha

paljon / vähän

baay'ee / xiqqoo

vihainen / ystävällinen

aara / gammachuu

kaunis / ruma

bareeda / fokkuu

alku / loppu

calqaba / xumuura

suuri / pieni

guddaa / xiqqaa

vaalea / tumma

ifa / dukkana

veli / sisko

obboleessa / obboleettii

puhdas / likainen

qulqulluu / xurii

täydellinen / epätäydellinen

xumuuramaa / kan hin xumuuramin

päivä / yö

guyyaa / halkan

kuollut / elävä

du'aa / jiraa

leveä / kapea

bal'aa / dhiphaa

syötävä / syömäkelvoton

kan nyaatamu / kan hin nyaatamne

paha / kiltti

badd / gaarii

innostunut / tylsistynyt

gammachuu / ifannaa

lihava / laiha

furdaa / qal'aa

ensimmäinen / viimeinen

calqaba / dhuma

ystävä / vihollinen

michuu / diina

täysi / tyhjä

guutuu / duwwaa

kova / pehmeä

sakoruu / lalllaafaa

painava / kevyt

ulfaataa / salphaa

nälkä / jano

beeluu / dheebuu

sairas / terve

dhukkuba / fayyaa

laiton / laillinen

seer malee / seera qabeessa

älykäs / tyhmä

gaanfuree / dabeessa

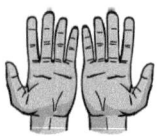

vasen / oikea

bitaa / mirga

lähellä / kaukana

maddii / fagoo

uusi / käytetty

haara'a / moofaa

ei mitään / jotain

homma / waan tokko

vanha / nuori

jaarsa / dargaggeessa

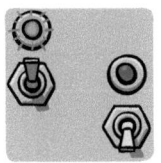

päällä / pois päältä

ibsuu / dhaamsuu

auki / kiinni

banuu / cufuu

hiljainen / äänekäs

callisuu / sagalee olkaasuu

rikas / köyhä

sooressa / hiyyeessa

oikein / väärin

sirrii / dogongora

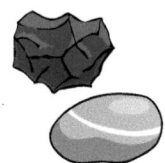

karhea / sileä

sokorruu / lallaafaa

surullinen / iloinen

aara / gammachuu

lyhyt / pitkä

dheeraa / gabaabaa

hidas / nopea

qususaa / collee

märkä / kuiva

jiidhaa / goggogaa

lämmin / viileä

oo'aa / qorraa

sota / rauha

lola / nagaa

| **0** | **1** | **2** |
|:---:|:---:|:---:|
| nolla | yksi | kaksi |
| duwwaa | tokko | lama |

| **3** | **4** | **5** |
|:---:|:---:|:---:|
| kolme | neljä | viisi |
| sadis | afur | shan |

| **6** | **7** | **8** |
|:---:|:---:|:---:|
| kuusi | seitsemän | kahdeksan |
| jaha | torba | saddeet |

| **9** | **10** | **11** |
|:---:|:---:|:---:|
| yhdeksän | kymmenen | yksitoista |
| sagal | kudhan | kudha tokko |

| **12** | **13** | **14** |
|---|---|---|
| kaksitoista | kolmetoista | neljätoista |
| kudha lama | kudha sadi | kudha afur |

| **15** | **16** | **17** |
|---|---|---|
| viisitoista | kuusitoista | seitsemäntoista |
| kudha shan | kudha jaha | kudha torba |

| **18** | **19** | **20** |
|---|---|---|
| kahdeksantoista | yhdeksäntoista | kaksikymmentä |
| kudha saddeet | kudha sagal | diigdama |

| **100** | **1.000** | **1.000.000** |
|---|---|---|
| sata | tuhat | miljoona |
| dhibba | kuma | maliyoona |

englanti

Ingiliffa

amerikanenglanti

Ingiliffa Ameerikaa

mandariinikiina

Mandarinii chaayinaa

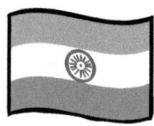

hindi

Afaan Hindii

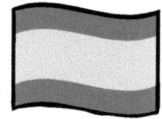

espanja

Afaan Speen

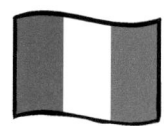

ranska

Afaan Faransaay

arabia

Afaan Arabaa

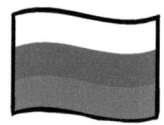

venäjä

Afaan Raashaa

portugali

Afaan Poortugaal

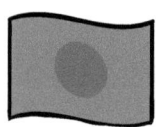

bengali

Afaan Beengaal

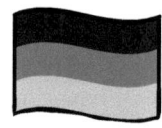

saksa

Afaan Jarman

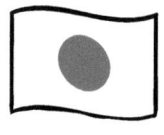

japani

Afaan Jaappaan

minä

ana

sinä

si

hän

isa / ishii / isa / wantootaf

me

nu'ii

te

isin

he

isan

kuka?

eenyuu?

mitä / mikä?

maal?

miten?

akkamitti

missä?

eessa?

milloin?

hoom?

nimi

maqaa

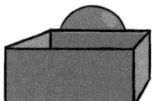

takana

duuba

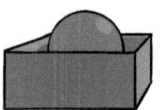

sisällä

keessa

edessä

fuldura

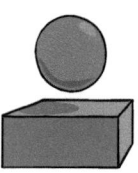

yläpuolella

irra

päällä

gubbaa

alapuolella

jala

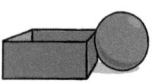

vieressä

maddii

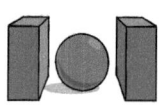

välissä

gidduu

paikka

bakkee